Biljna Kuharica Biblija

100% Biljne Recepte za Zdraviji i Održiviji Život

Lune Ivanović

Sadržaj

POVRĆE I PRILOZI 12

Kuhane artičoke s vinom i limunom 13

. Pečena mrkva sa začinskim biljem 15

Lako kuhani zeleni grah 17

Pečeni kelj sa sjemenkama sezama 19

Zrilo povrće zimi 22

Tradicionalni marokanski Tagine 24

Pecite kineski kupus 26

Pržena cvjetača sa sjemenkama sezama 28

Slatki pire od mrkve 30

Pirjana repa 32

Yukon Gold pire krumpir 34

Mirisna blitva 36

Klasične pržene paprike 38

Pire od korjenastog povrća 40

. Pečena Butternut Squash 42

Pržene Cremini gljive 44

Pečene šparoge sa sezamom 46

Tepsija od patlidžana na grčki način 48

Keto riža od cvjetače 50

Lagani kelj s češnjakom 52

Kuhane artičoke s limunom i maslinovim uljem 54

Mrkva pečena s ružmarinom i češnjakom... 55

Mahune u mediteranskom stilu 58

Pečeno vrtno povrće 60

. Lako pečena korabica 62

Cvjetača s tahini umakom 64

Začinski pire od cvjetače 66

Lonac od gljiva s češnjakom i začinskim biljem 68

Šparoge pržene u tavi 70

Pire od mrkve od đumbira 72

Pečene artičoke na mediteranski način 74

Pečeni kelj na tajlandski način 77

Svilenkasti pire od korabice 79

Kremasto pirjani špinat 81

Aromatična pirjana korabica 83

Klasični kuhani kupus 85

Pržena mrkva sa sezamom 87

Pečena mrkva s tahini umakom 89

Pečena cvjetača sa začinskim biljem 91

Kremasti pire od brokule od ružmarina 94

Lagana tepsija od blitve.. 96

Pečeni kelj s vinom... 98

Francuski Haricots Verts...100

Pasirana repa s maslacem 102

Tikvice pržene sa začinskim biljem 104

Pire od slatkog krumpira..106

Sherry Roasted King Truba..109

Pire od cikle i krumpira..111

Tradicionalni indijski Rajma Dal..113

Salata od crvenog graha 115

Anasazi varivo od graha i povrća...117

Lagana i srdačna Shakshuka..119

staromodni čili 121

Lagana salata s crvenom lećom 123

Salata od slanutka na mediteranski način...................................125

Tradicionalno varivo s toskanskim grahom (Ribollita).................128

Beluga leća i melange s povrćem 130

Meksička šalica s tacosima od slanutka 132

Indijac Dal Makhani 134

Zdjela za grah u meksičkom stilu..136

Klasična talijanska minestrone..138

Varivo od zelene leće sa zelenilom 140

Vrtna mješavina povrća od slanutka 142

Ljuti umak od graha 144

Salata od soje na kineski način 146

Staromodni varivo od leće i povrća 149

Indijska Chana Masala 151

Pašteta od crvenog graha 153

Zdjela smeđe leće 155

Ljuta i začinjena Anasazi juha od graha 157

Crnooka salata od graška (Ñebbe) 159

Mamin poznati čili 161

Salata od pečenog slanutka s pinjolima 163

Buddha zdjela od crnog graha 165

Bliskoistočni gulaš od slanutka 167

Umak od leće i rajčice 169

Salata od zelenog graška s vrhnjem 171

Bliskoistočni za'atar humus 174

Salata od leće s pinjolima 176

Vruća salata od graha Anasazi 178

Tradicionalni gulaš Mnazaleh 180

Papreni namaz od crvene leće 182

Začinjeni snježni grašak pržen u woku 184

dnevni brzi plamenik 186

Crnooka salata od graška 188

Avokado punjen slanutkom 190

Juha od crnog graha 192

Salata od beluga leće sa začinskim biljem 196

Talijanska salata od graha 199

Rajčice punjene bijelim grahom 201

Zimska juha od crnog graška 203

Rezanci od crvenog graha 205

Domaće pljeskavice od graška 207

Varivo s crnim grahom i špinatom 209

Klasični umak za roštilj 212

Biljna vrtna gorušica 214

Klasični domaći kečap 216

Umak od indijskih oraha, limete i komorača 218

Ligurski umak od oraha 219

Chia, javor i dijon umak 221

Umak od češnjaka 223

Klasična seoska odjeća 225

Tahini umak s korijanderom 227

Preljev od kokos limete 229

Domaći Guacamole 231

Najlakši veganski majonez ikad 234

Maslac od sjemenki suncokreta i konoplje 236

Kremasti umak od senfa 238

Tradicionalni balkanski ajvar 240

Amba (umak od manga) 242

Tatin domaći kečap 244

Preljev za salatu od začinskog bilja od avokada 246

Autentična francuska remulada 248

Autentični bešamel umak 250

Savršen holandski umak 253

Ljuti umak na meksički način 255

Osnovni umak od rajčice 257

Turski Biber Salçası 259

Talijanska salsa al Pepe Verde 261

Umak za tjesteninu sa suncokretovim sjemenkama 263

Zdravi bakin umak od jabuka 265

Domaći čokoladni preljev 267

Omiljeni umak od brusnica 269

Tradicionalna ruska kuhinja 271

Francuski mignonette umak 273

Umak od dimljenog sira 274

Jednostavan domaći umak od krušaka 277

Senf u seoskom stilu 279

Tajlandski umak od kokosa 280

Jednostavna Aquafaba Mayo 282

Klasični Veloute umak 284

Klasični espagnole umak 286

Autentični mediteranski aïoli 288

Veganski umak za roštilj 290

Klasični Béarnaise umak 292

Savršen umak od sira 294

Jednostavan umak za sirovu tjesteninu 297

Pesto na bazi bosiljka 299

Klasični Alfredo umak 301

Sofisticirana majoneza od indijskih oraščića 303

Vanilija, cimet, suncokretov maslac 305

Domaći ljuti kečap 307

POVRĆE I PRILOZI

Kuhane artičoke s vinom i limunom

(Spremno za oko 35 minuta | 4 porcije)

Po porciji: Kalorije: 228; Masti: 15,4 g; Ugljikohidrati: 19,3 g; Bjelančevine: 7,2 g

Sastojci

1 veći limun, svježe iscijeđen

1 ½ funte artičoka, obrezanih, uklonjenih tvrdih vanjskih listova i stabljika

2 žlice metvice, sitno nasjeckane

2 žlice lišća cilantra, sitno nasjeckanog

2 žlice listića bosiljka, sitno nasjeckanog

2 češnja češnjaka, mljevena

1/4 šalice suhog bijelog vina

1/4 šalice ekstra djevičanskog maslinovog ulja, plus još za prelijevanje

Morska sol i svježe mljeveni crni papar, po ukusu

smjer

Napunite posudu vodom i dodajte sok od limuna. Očišćene artičoke stavite u posudu i neka budu potpuno uronjene u vodu.

U drugoj maloj zdjeli dobro pomiješajte začinsko bilje i češnjak. Natrljajte svoje artičoke mješavinom biljaka.

Ulijte vino i maslinovo ulje u lonac; dodajte artičoke u lonac. Pojačajte vatru i nastavite kuhati, poklopljeno, oko 30 minuta dok artičoke ne omekšaju.

Za posluživanje prelijte artičoke sokom od kuhanja, začinite solju i crnim paprom i uživajte!

. Pečena mrkva sa začinskim biljem

(Spremno za oko 25 minuta | 4 porcije)

Po porciji: Kalorije: 217; Masti: 14,4 g; Ugljikohidrati: 22,4 g; Bjelančevine: 2,3 g

Sastojci

2 funte mrkve, obrezane i prepolovljene po dužini

4 žlice maslinovog ulja

1 žličica protisnutog češnjaka

1 žličica paprike

Morska sol i svježe mljeveni crni papar

2 žlice svježeg cilantra, nasjeckanog

2 žlice svježeg peršina, nasjeckanog

2 žlice svježeg vlasca nasjeckanog

smjer

Počnite tako da prethodno zagrijete pećnicu na 400 stupnjeva F.

Mrkvu prelijte maslinovim uljem, protisnutim češnjakom, paprikom, soli i crnim paprom. Posložite ih u jednom sloju na pleh obložen papirom za pečenje.

Pecite mrkvu u zagrijanoj pećnici oko 20 minuta, dok ne omekša.

Pomiješajte mrkvu sa svježim začinskim biljem i odmah poslužite. Uživajte u jelu!

Lako kuhani zeleni grah

(Spremno za oko 15 minuta | Za 4 osobe)

Po porciji: Kalorije: 207; Masti: 14,5 g; Ugljikohidrati: 16,5 g; Bjelančevine: 5,3 g

Sastojci

4 žlice maslinovog ulja

1 mrkva narezana na šibice

1 ½ funte zelenog graha, podrezanog

4 češnja češnjaka, oguljena

1 lovor

1 ½ šalice juhe od povrća

Morska sol i mljeveni crni papar, po ukusu

1 limun, izrezan na kriške

smjer

Zagrijte maslinovo ulje u loncu na srednje jakoj vatri. Nakon što se zagriju, pirjajte mrkvu i mahune oko 5 minuta, povremeno miješajući kako biste potaknuli kuhanje.

Dodajte češnjak i lovorov list i nastavite kuhati još 1 minutu ili dok ne zamiriše.

Dodajte temeljac, sol i crni papar i nastavite pirjati, poklopljeno, oko 9 minuta ili dok zelene mahune ne omekšaju.

Kušajte, prilagodite začine i poslužite s kriškama limuna. Uživajte u jelu!

Pečeni kelj sa sjemenkama sezama

(Spremno za oko 10 minuta | Za 4 osobe)

Po porciji: Kalorije: 247; Masti: 19,9 g; Ugljikohidrati: 13,9 g; Bjelančevine: 8,3 g

Sastojci

1 šalica temeljca od povrća

1 funta kelja, očišćena, uklonjene žilave stabljike, narezane

4 žlice maslinovog ulja

6 režnjeva češnjaka nasjeckanih

1 žličica paprike

Košer sol i mljeveni crni papar, po ukusu

4 žlice sjemenki sezama, lagano tostiranih

smjer

U lonac stavite kuhati sok od povrća; dodajte listove kelja i prokuhajte. Kuhajte oko 5 minuta dok kelj ne omekša; pričuva.

U istoj posudi zagrijte ulje na srednje jakoj vatri. Kad se zagrije, pirjajte češnjak oko 30 sekundi ili dok ne zamiriše.

Dodajte sačuvani kelj, papriku, sol i crni papar i pirjajte još nekoliko minuta ili dok se ne zagrije.

Ukrasite lagano prženim sjemenkama sezama i odmah poslužite. Uživajte u jelu!

Zrilo povrće zimi

(Spremno za oko 45 minuta | srpski 4)

Po porciji: Kalorije: 255; Masti: 14 g; ugljikohidrati: 31 g; Bjelančevine: 3 g

Sastojci

1/2 funte mrkve, izrezane na komade od 1 inča

1/2 funte peršina, narezanog na komade od 1 inča

1/2 funte celera, narezanog na komade od 1 inča

1/2 funte slatkog krumpira, narezanog na komade od 1 inča

1 veliki luk, izrezan na ploške

1/4 šalice maslinovog ulja

1 žličica pahuljica crvene paprike

1 žličica sušenog bosiljka

1 žličica sušenog origana

1 žličica suhe majčine dušice

Morska sol i svježe mljeveni crni papar

smjer

Počnite tako da prethodno zagrijete pećnicu na 420 stupnjeva F.

Prelijte povrće maslinovim uljem i začinima. Ređati ih u tepsiju obloženu papirom za pečenje.

Pecite oko 25 minuta. Umiješajte povrće i nastavite kuhati još 20 minuta.

Uživajte u jelu!

Tradicionalni marokanski Tagine

(Spremno za oko 30 minuta | 4 porcije)

Po porciji: Kalorije: 258; Masti: 12,2 g; ugljikohidrati: 31 g; Bjelančevine: 8,1 g

Sastojci

3 žlice maslinovog ulja

1 veliki luk, narezan na ploške

1 žličica đumbira, oguljenog i naribanog

4 češnja češnjaka nasjeckana

2 srednje mrkve, narezane na ploške i kockice

2 srednja peršina, obrezana i nasjeckana

2 srednja slatka krumpira, oguljena i narezana na kockice

Morska sol i mljeveni crni papar, po ukusu

1 žličica ljutog umaka

1 žličica piskavice

1/2 žličice šafrana

1/2 žličice kumina

2 velike rajčice, pasirane

4 šalice juhe od povrća

1 limun, izrezan na kriške

smjer

U holandskoj pećnici zagrijte maslinovo ulje na srednje jakoj vatri. Kad se zagrije, pirjajte ljutiku 4 do 5 minuta dok ne omekša.

Zatim pirjajte đumbir i češnjak oko 40 sekundi ili dok ne zamirišu.

Dodajte preostale sastojke osim limuna i pustite da zavrije. Odmah stavite vatru na laganu vatru.

Pirjajte oko 25 minuta ili dok povrće ne omekša. Poslužite s kriškama svježeg limuna i uživajte!

Pecite kineski kupus

(Spremno za oko 10 minuta | Za 3 osobe)

Po porciji: Kalorije: 228; Masti: 20,7 g; Ugljikohidrati: 9,2 g; Bjelančevine: 4,4 g

Sastojci

3 žlice sezamovog ulja

1 funta kineskog kupusa, narezanog na ploške

1/2 žličice kineskih pet začina u prahu

Košer sol, po ukusu

1/2 žličice sečuanskog papra

2 žlice soja umaka

3 žlice sjemenki sezama, lagano prepečenih

smjer

U woku zagrijte sezamovo ulje dok ne zavrije. Pržiti kupus oko 5 minuta.

Umiješajte začine i sojin umak i nastavite kuhati uz često miješanje još oko 5 minuta dok kupus ne omekša i ne zamiriše.

Po vrhu pospite sjemenke sezama i odmah poslužite.

Pržena cvjetača sa sjemenkama sezama

(Spremno za oko 15 minuta | Za 4 osobe)

Po porciji: Kalorije: 217; Masti: 17 g; Ugljikohidrati: 13,2 g; Bjelančevine: 7,1 g

Sastojci

1 šalica temeljca od povrća

1 ½ funte cvjetače

4 žlice maslinovog ulja

2 stabljike luka nasjeckane

4 češnja češnjaka, mljevena

Morska sol i svježe mljeveni crni papar, po ukusu

2 žlice sezamovih sjemenki, lagano tostiranih

smjer

U velikom loncu zakuhajte temeljac od povrća; zatim dodajte cvjetaču i kuhajte oko 6 minuta ili dok ne omekša; pričuva.

Zatim zagrijte maslinovo ulje do smeđe boje; sada pirjajte luk i češnjak oko 1 minutu ili dok ne omekšaju i ne zamirišu.

Dodajte ostavljenu cvjetaču, zatim sol i crni papar; nastavite pirjati oko 5 minuta ili dok se ne zagrije

Ukrasite tostiranim sjemenkama sezama i odmah poslužite. Uživajte u jelu!

Slatki pire od mrkve

(Spremno za oko 25 minuta | 4 porcije)

Po porciji: Kalorije: 270; Masti: 14,8 g; Ugljikohidrati: 29,2 g; Bjelančevine: 4,5 g

Sastojci

1 ½ funte mrkve, nasjeckane

3 žlice veganskog maslaca

1 šalica luka, narezanog na ploške

1 žlica javorovog sirupa

1/2 žličice češnjaka u prahu

1/2 žličice mljevenog papra

Morska sol, po ukusu

1/2 šalice soja umaka

2 žlice svježeg cilantra, nasjeckanog

smjer

Mrkvu kuhajte na pari oko 15 minuta dok ne omekša; dobro ocijediti.

U tavi rastopite maslac dok ne prokuha. Sada smanjite temperaturu kako biste održali uporno cvrčanje.

Sada kuhajte luk dok ne omekša. Dodajte javorov sirup, češnjak u prahu, mljevenu papriku, sol i sojin umak oko 10 minuta ili dok se ne karamelizira.

Dodajte karamelizirani luk u procesor hrane; dodajte mrkvu i pasirajte sastojke dok se sve dobro ne sjedini.

Poslužite ukrašeno svježim cilantrom. Uživati!

Pirjana repa

(Spremno za oko 15 minuta | Za 4 osobe)

Po porciji: Kalorije: 140; Masti: 8,8 g; ugljikohidrati: 13 g; Bjelančevine: 4,4 g

Sastojci

2 žlice maslinovog ulja

1 luk, narezan na ploške

2 češnja češnjaka, narezana na ploške

1 ½ kilograma očišćenog i nasjeckanog zelenja repe

1/4 šalice juhe od povrća

1/4 šalice suhog bijelog vina

1/2 žličice sušenog origana

1 žličica suhih peršinovih listića

Košer sol i mljeveni crni papar, po ukusu

smjer

U tavi zagrijte maslinovo ulje na srednje jakoj vatri.

Sada pirjajte luk 3 do 4 minute ili dok ne omekša i postane proziran. Dodajte češnjak i nastavite kuhati još 30 sekundi ili dok ne zamiriše.

Umiješajte zelje repe, juhu, vino, origano i peršin; nastavite pržiti još 6 minuta ili dok se potpuno ne osuši.

Začinite solju i crnim paprom po ukusu i poslužite toplo. Uživajte u jelu!

Yukon Gold pire krumpir

(Spremno za oko 25 minuta | Za 5 osoba)

Po porciji: Kalorije: 221; Masti: 7,9 g; Ugljikohidrati: 34,1 g; Bjelančevine: 4,7 g

Sastojci

2 funte Yukon Gold krumpira, oguljenih i narezanih na kockice

1 češanj češnjaka, zgnječen

Morska sol i ljuskice crvene paprike, po ukusu

3 žlice veganskog maslaca

1/2 šalice sojinog mlijeka

2 žlice luka, narezanog na ploške

smjer

Krompir prelijte centimetrom ili dva hladne vode. Kuhajte krumpir u lagano kipućoj vodi oko 20 minuta.

Zatim zgnječite krumpir, zajedno s češnjakom, soli, crvenom paprikom, maslacem i mlijekom do željene količine.

Poslužite ukrašeno svježim lukom. Uživajte u jelu!

Mirisna blitva

(Spremno za oko 15 minuta | Za 4 osobe)

Po porciji: Kalorije: 124; Masti: 6,7 g; Ugljikohidrati: 11,1 g; Bjelančevine: 5 g

Sastojci

2 žlice veganskog maslaca

1 glavica luka nasjeckana

2 češnja češnjaka narezana na ploške

Morska sol i mljeveni crni papar, po ukusu

1 ½ funte blitve, nasjeckane, bez žilavih peteljki

1 šalica temeljca od povrća

1 list lovora

1 grančica majčine dušice

2 grančice ružmarina

1/2 žličice sjemena gorušice

1 žličica sjemenki celera

smjer

U loncu otopite veganski maslac na srednje jakoj vatri.

Zatim pirjajte luk oko 3 minute ili dok ne omekša i postane proziran; pirjajte češnjak oko 1 minutu dok ne zamiriše.

Dodajte preostale sastojke i smanjite vatru; pirjajte poklopljeno oko 10 minuta ili dok sve ne bude kuhano. Uživajte u jelu!

Klasične pržene paprike

(Spremno za oko 15 minuta | srpski 2)

Po porciji: Kalorije: 154; Masti: 13,7 g; ugljikohidrati: 2,9 g; Bjelančevine: 0,5 g

Sastojci

3 žlice maslinovog ulja

4 paprike očišćene od sjemenki i narezane na trakice

2 češnja češnjaka, mljevena

Sol i svježe mljeveni crni papar, po ukusu

1 žličica kajenskog papra

4 žlice suhog bijelog vina

2 žlice svježeg cilantra, grubo nasjeckanog

smjer

U loncu zagrijte ulje na srednje jakoj vatri.

Kad se zagriju, pirjajte paprike oko 4 minute ili dok ne omekšaju i ne zamirišu. Zatim pirjajte češnjak oko 1 minutu dok ne zamiriše.

Dodajte sol, crni papar i cayenne; nastavite pirjati, dodajući vino, još oko 6 minuta dok ne omekšaju i ne budu kuhani.

Kušajte i prilagodite začine. Pospite svježim cilantrom i poslužite. Uživajte u jelu!

Pire od korjenastog povrća

(Spremno za oko 25 minuta | Za 5 osoba)

Po porciji: Kalorije: 207; Masti: 9,5 g; Ugljikohidrati: 29,1 g; Bjelančevine: 3 g

Sastojci

1 funta crvenocrvenih krumpira, oguljenih i narezanih na komade

1/2 funte peršina, orezanog i narezanog na kockice

1/2 funte mrkve, oguljene i narezane na kockice

4 žlice veganskog maslaca

1 žličica sušenog origana

1/2 žličice suhe biljke kopra

1/2 žličice sušenog bosiljka

1 žličica sušenog bosiljka

smjer

Prekrijte povrće vodom za 1 inč. Zakuhajte i kuhajte oko 25 minuta dok ne omekša; odvoditi.

Povrće sameljite s preostalim sastojcima, po potrebi dolijevajući tekućinu od kuhanja.

Poslužite toplo i uživajte!

. Pečena Butternut Squash

(Spremno za oko 25 minuta | 4 porcije)

Po porciji: Kalorije: 247; Masti: 16,5 g; Ugljikohidrati: 23,8 g; Bjelančevine: 4,3 g

Sastojci

4 žlice maslinovog ulja

1/2 žličice mljevenog kima

1/2 žličice mljevenog papra

1 ½ funte butternut tikve, oguljene, bez jezgre i narezane na kockice

1/4 šalice suhog bijelog vina

2 žlice tamnog soja umaka

1 žličica sjemena gorušice

1 žličica paprike

Morska sol i mljeveni crni papar, po ukusu

smjer

Započnite tako da prethodno zagrijete pećnicu na 420 stupnjeva F. Pomiješajte tikvu s preostalim sastojcima.

Pecite butternut tikvu oko 25 minuta ili dok ne postane mekana i karamelizirana.

Poslužite toplo i uživajte!

Pržene Cremini gljive

(Spremno za oko 10 minuta | Za 4 osobe)

Po porciji: Kalorije: 197; Masti: 15,5 g; ugljikohidrati: 8,8 g; Bjelančevine: 7,3 g

Sastojci

4 žlice maslinovog ulja

4 žlice luka, nasjeckanog

2 češnja češnjaka, mljevena

1 ½ funte Cremini gljiva, narezanih

1/4 šalice suhog bijelog vina

Morska sol i mljeveni crni papar, po ukusu

smjer

U tavi zagrijte maslinovo ulje na srednje jakoj vatri.

Sada pirjajte luk 3 do 4 minute ili dok ne omekša i postane proziran. Dodajte češnjak i nastavite kuhati još 30 sekundi ili dok ne zamiriše.

Umiješajte Cremini gljive, vino, sol i crni papar; nastavite pržiti još 6 minuta, dok vam gljive lagano ne porumene.

Uživajte u jelu!

Pečene šparoge sa sezamom

(Spremno za oko 25 minuta | 4 porcije)

Po porciji: Kalorije: 215; Masti: 19,1 g; ugljikohidrati: 8,8 g; Bjelančevine: 5,6 g

Sastojci

1 ½ funte šparoga, orezanih

4 žlice ekstra djevičanskog maslinovog ulja

Morska sol i mljeveni crni papar, po ukusu

1/2 žličice sušenog origana

1/2 žličice sušenog bosiljka

1 žličica mljevene crvene paprike

4 žlice sjemenki sezama

2 žlice svježeg vlasca, grubo nasjeckanog

smjer

Započnite zagrijavanjem pećnice na 400 stupnjeva F. Zatim obložite lim za pečenje papirom za pečenje.

Pomiješajte šparoge s maslinovim uljem, soli, crnim paprom, origanom, bosiljkom i malo crvene paprike. Sada posložite svoje šparoge u jednom sloju na pripremljeni lim za pečenje.

Šparoge pecite oko 20 minuta.

Pospite sjemenke sezama po svojim šparogama i nastavite peći još 5 minuta ili dok šparoge ne postanu hrskave, a sjemenke sezama lagano tostirane.

Ukrasite svježim vlascem i poslužite toplo. Uživajte u jelu!

Tepsija od patlidžana na grčki način

(Spremno za oko 15 minuta | Za 4 osobe)

Po porciji: Kalorije: 195; Masti: 16,1 g; Ugljikohidrati: 13,4 g; Bjelančevine: 2,4 g

Sastojci

4 žlice maslinovog ulja

1 ½ funte patlidžana, oguljenih i narezanih na ploške

1 žličica češnjaka, mljevenog

1 rajčica, zgnječena

Morska sol i mljeveni crni papar, po ukusu

1 žličica kajenskog papra

1/2 žličice sušenog origana

1/4 žličice mljevenog lista lovora

2 unce Kalamata maslina, bez koštica i narezanih

smjer

Zagrijte ulje u tavi na srednje jakoj vatri.

Zatim pirjajte patlidžan oko 9 minuta ili dok ne omekša.

Dodajte preostale sastojke, poklopite i nastavite kuhati još 2 do 3 minute ili dok ne skuhaju. Poslužite toplo.

Keto riža od cvjetače

(Spremno za oko 10 minuta | Za 5 osoba)

Po porciji: Kalorije: 135; Masti: 11,5 g; Ugljikohidrati: 7,2 g; Bjelančevine: 2,4 g

Sastojci

2 srednje glavice cvjetače, bez stabljika i lišća

4 žlice ekstra djevičanskog maslinovog ulja

4 češnja češnjaka, protisnuta

1/2 žličice mljevene crvene paprike

Morska sol i mljeveni crni papar, po ukusu

1/4 šalice pljosnatog peršina, grubo nasjeckanog

smjer

Pulsirajte cvjetaču u multipraktiku sa S oštricom dok se ne raspadne na "rižu".

Zagrijte maslinovo ulje u loncu na srednje jakoj vatri. Kad se zagrije, kuhajte češnjak dok ne zamiriše ili oko 1 minutu.

Dodajte rižu od cvjetače, crvenu papriku, sol i crni papar i nastavite pirjati još 7 do 8 minuta.

Kušajte, prilagodite začinima i ukrasite svježim peršinom. Uživajte u jelu!

Lagani kelj s češnjakom

(Spremno za oko 10 minuta | Za 4 osobe)

Po porciji: Kalorije: 217; Masti: 15,4 g; Ugljikohidrati: 16,1 g; Bjelančevine: 8,6 g

Sastojci

4 žlice maslinovog ulja

4 češnja češnjaka nasjeckana

1 ½ funte svježeg kelja, uklonjene žilave stabljike i rebra, narezane

1 šalica temeljca od povrća

1/2 žličice sjemenki kumina

1/2 žličice sušenog origana

1/2 žličice paprike

1 žličica luka u prahu

Morska sol i mljeveni crni papar, po ukusu

smjer

U loncu zagrijte maslinovo ulje na srednje jakoj vatri. Sada pirjajte češnjak oko 1 minutu ili dok ne zamiriše.

Dodajte kelj u serijama, postupno dodajući temeljac od povrća; promiješajte kako biste pospješili kuhanje.

Zakuhajte, dodajte začine i kuhajte 5 do 6 minuta dok listovi kelja ne uvenu.

Poslužite toplo i uživajte!

Kuhane artičoke s limunom i maslinovim uljem

(Spremno za oko 35 minuta | 4 porcije)

Po porciji: Kalorije: 278; Masti: 18,2 g; ugljikohidrati: 27 g; Bjelančevine: 7,8 g

Sastojci

1 ½ šalice vode

2 limuna, svježe iscijeđena

2 kilograma artičoka, obrezanih, uklonjenih tvrdih vanjskih listova i stabljika

1 šaka svježeg talijanskog peršina

2 grančice majčine dušice

2 grančice ružmarina

2 lista lovora

2 češnja češnjaka nasjeckana

1/3 šalice maslinovog ulja

Morska sol i mljeveni crni papar, po ukusu

1/2 žličice pahuljica crvene paprike

smjer

Napunite posudu vodom i dodajte sok od limuna. Očišćene artičoke stavite u posudu i neka budu potpuno uronjene u vodu.

U drugoj maloj zdjeli dobro pomiješajte začinsko bilje i češnjak. Natrljajte svoje artičoke mješavinom biljaka.

Ulijte vodu s limunom i maslinovo ulje u lonac; dodajte artičoke u lonac. Pojačajte vatru i nastavite kuhati, poklopljeno, oko 30 minuta dok artičoke ne omekšaju.

Za posluživanje prelijte artičoke tekućinom od kuhanja, začinite solju, crnim paprom i listićima crvene paprike. Uživajte u jelu!

Mrkva pečena s ružmarinom i češnjakom

(Spremno za oko 25 minuta | 4 porcije)

Po porciji: Kalorije: 228; Masti: 14,2 g; Ugljikohidrati: 23,8 g; Bjelančevine: 2,8 g

Sastojci

2 funte mrkve, obrezane i prepolovljene po dužini

4 žlice maslinovog ulja

2 žlice šampanjskog octa

4 češnja češnjaka, mljevena

2 grančice ružmarina, nasjeckane

Morska sol i mljeveni crni papar, po ukusu

4 žlice nasjeckanih pinjola

smjer

Počnite tako da prethodno zagrijete pećnicu na 400 stupnjeva F.

Prelijte mrkvu maslinovim uljem, octom, češnjakom, ružmarinom, soli i crnim paprom. Posložite ih u jednom sloju na pleh obložen papirom za pečenje.

Pecite mrkvu u zagrijanoj pećnici oko 20 minuta, dok ne omekša.

Ukrasite mrkvu pinjolima i odmah poslužite. Uživajte u jelu!

Mahune u mediteranskom stilu

(Spremno za oko 20 minuta | 4 porcije)

Po porciji: Kalorije: 159; Masti: 8,8 g; Ugljikohidrati: 18,8 g; Bjelančevine: 4,8 g

Sastojci

2 žlice maslinovog ulja

1 crvena paprika, orezana i narezana na kockice

1 ½ kilograma zelenog graha

4 češnja češnjaka, mljevena

1/2 žličice sjemena gorušice

1/2 žličice sjemenki komorača

1 žličica korova kopra

2 pasirane rajčice

1 šalica krem juhe od celera

1 žličica mješavine talijanskog bilja

1 žličica kajenskog papra

Sol i svježe mljeveni crni papar

smjer

Zagrijte maslinovo ulje u loncu na srednje jakoj vatri. Kad se zagriju, pirjajte paprike i mahune oko 5 minuta, povremeno miješajući kako biste potaknuli kuhanje.

Dodajte češnjak, sjemenke gorušice, sjemenke komorača i komorač i nastavite pirjati 1 minutu ili dok ne zamiriše.

Dodajte pečene rajčice, krem juhu od celera, mješavinu talijanskog bilja, crvenu papriku, sol i crni papar. Nastavite pirjati, poklopljeno, oko 9 minuta ili dok zelene mahune ne omekšaju.

Kušajte, začinite i poslužite toplo. Uživajte u jelu!

Pečeno vrtno povrće

(Spremno za oko 45 minuta | srpski 4)

Po porciji: Kalorije: 311; Masti: 14,1 g; Ugljikohidrati: 45,2 g; Bjelančevine: 3,9 g

Sastojci

1 funta butternut tikve, oguljene i izrezane na komade od 1 inča

4 slatka krumpira, oguljena i izrezana na komade od 1 inča

1/2 šalice mrkve, oguljene i narezane na komade od 1 inča

2 srednje glavice luka, narezane na ploške

4 žlice maslinovog ulja

1 žličica protisnutog češnjaka

1 žličica paprike

1 žličica sušenog ružmarina

1 žličica sjemena gorušice

Košer sol i svježe mljeveni crni papar, po ukusu

smjer

Počnite tako da prethodno zagrijete pećnicu na 420 stupnjeva F.

Prelijte povrće maslinovim uljem i začinima. Ređati ih u tepsiju obloženu papirom za pečenje.

Pecite oko 25 minuta. Umiješajte povrće i nastavite kuhati još 20 minuta.

Uživajte u jelu!

. Lako pečena korabica

(Spremno za oko 30 minuta | 4 porcije)

Po porciji: Kalorije: 177; Masti: 14 g; ugljikohidrati: 10,5 g; Bjelančevine: 4,5 g

Sastojci

1 funta lukovica korabice, oguljene i narezane

4 žlice maslinovog ulja

1/2 žličice sjemena gorušice

1 žličica sjemenki celera

1 žličica sušenog bosiljka

1 žličica protisnutog češnjaka, mljevenog

Morska sol i mljeveni crni papar, po ukusu

2 žlice prehrambenog kvasca

smjer

Počnite tako da prethodno zagrijete pećnicu na 450 stupnjeva F.

Prelijte korabicu maslinovim uljem i začinima dok se dobro ne prekrije. Rasporedite korabice u jednom sloju na pleh obložen papirom za pečenje.

Kolerabu pecite u zagrijanoj pećnici oko 15 minuta; promiješajte ih i nastavite kuhati još 15 minuta.

Toplu korabicu pospite hranjivim kvascem i odmah poslužite. Uživajte u jelu!

Cvjetača s tahini umakom

(Spremno za oko 10 minuta | Za 4 osobe)

Po porciji: Kalorije: 217; Masti: 13 g; Ugljikohidrati: 20,3 g; Bjelančevine: 8,7 g

Sastojci

1 čaša vode

2 kilograma cvjetače

Morska sol i mljeveni crni papar, po ukusu

3 žlice soja umaka

5 žlica tahinija

2 češnja češnjaka, mljevena

2 žlice soka od limuna

smjer

U velikom loncu zakuhajte vodu; zatim dodajte cvjetaču i kuhajte oko 6 minuta ili dok ne omekša; Ocijedite, začinite solju i paprom i ostavite sa strane.

U zdjeli dobro izmiješajte soja umak, tahini, češnjak i limunov sok. Žlicom prelijte umak preko cvjetače i poslužite.

Uživajte u jelu!

Začinski pire od cvjetače

(Spremno za oko 25 minuta | 4 porcije)

Po porciji: Kalorije: 167; Masti: 13 g; Ugljikohidrati: 11,3 g; Bjelančevine: 4,4 g

Sastojci

1 ½ funte cvjetače

4 žlice veganskog maslaca

4 češnja češnjaka narezana na ploške

Morska sol i mljeveni crni papar, po ukusu

1/4 šalice običnog, nezaslađenog zobenog mlijeka

2 žlice svježeg peršina, grubo nasjeckanog

smjer

Kuhajte cvjetaču na pari oko 20 minuta; ostaviti sa strane da se ohladi.

U loncu otopite veganski maslac na srednje jakoj vatri; sada pirjajte češnjak oko 1 minutu ili dok ne zamiriše.

Dodajte cvjetaču u procesor hrane, a zatim prženi češnjak, sol, crni papar i zobeno mlijeko. Pasirajte dok se sve dobro ne sjedini.

Ukrasite listićima svježeg peršina i poslužite vruće. Uživajte u jelu!

Lonac od gljiva s češnjakom i začinskim biljem

(Spremno za oko 10 minuta | Za 4 osobe)

Po porciji: Kalorije: 207; Masti: 15,2 g; Ugljikohidrati: 12,7 g; Bjelančevine: 9,1 g

Sastojci

4 žlice veganskog maslaca

1 ½ funte prepolovljenih bisernih gljiva

3 češnja češnjaka, mljevena

1 žličica sušenog origana

1 žličica sušenog ružmarina

1 žličica suhih peršinovih listića

1 žličica sušenog bosiljka

1/2 šalice suhog bijelog vina

Košer sol i mljeveni crni papar, po ukusu

smjer

U tavi zagrijte maslinovo ulje na srednje jakoj vatri.

Sada pirjajte gljive 3 minute ili dok ne puste sok. Dodajte češnjak i nastavite kuhati još 30 sekundi ili dok ne zamiriše.

Umiješajte začine i nastavite pirjati još 6 minuta, dok vam gljive lagano ne porumene.

Uživajte u jelu!

Šparoge pržene u tavi

(Spremno za oko 10 minuta | Za 4 osobe)

Po porciji: Kalorije: 142; Masti: 11,8 g; Ugljikohidrati: 7,7 g; Bjelančevine: 5,1 g

Sastojci

4 žlice veganskog maslaca

1 ½ funte šparoga, obrezanih

1/2 žličice sjemenki kumina, samljevenih

1/4 žličice lovorovog lista, mljevenog

Morska sol i mljeveni crni papar, po ukusu

1 žličica svježeg soka od limuna

smjer

Otopite veganski maslac u loncu na srednje jakoj vatri.

Pirjajte šparoge oko 3 do 4 minute, povremeno miješajući kako biste potaknuli kuhanje.

Dodajte sjemenke kumina, lovorov list, sol i crni papar i nastavite kuhati šparoge još 2 minute dok ne omekšaju.

Šparoge pokapajte sokom limete i poslužite toplo. Uživajte u jelu!

Pire od mrkve od đumbira

(Spremno za oko 25 minuta | 4 porcije)

Po porciji: Kalorije: 187; Masti: 8,4 g; Ugljikohidrati: 27,1 g; Bjelančevine: 3,4 g

Sastojci

2 kilograma mrkve, narezane na kolutiće

2 žlice maslinovog ulja

1 žličica mljevenog kima

Sol, mljeveni crni papar, po ukusu

1/2 žličice kajenskog papra

1/2 žličice đumbira, oguljenog i naribanog

1/2 šalice punomasnog mlijeka

smjer

Počnite tako da prethodno zagrijete pećnicu na 400 stupnjeva F.

Mrkvu prelijte maslinovim uljem, kimom, soli, crnim paprom i kajenskim paprom. Posložite ih u jednom sloju na pleh obložen papirom za pečenje.

Pecite mrkvu u zagrijanoj pećnici oko 20 minuta, dok ne omekša.

Dodajte pečenu mrkvu, đumbir i mlijeko u procesor hrane; Pasirajte sastojke dok se sve dobro ne sjedini.

Uživajte u jelu!

Pečene artičoke na mediteranski način

(Spremno za oko 50 minuta | Za 4 osobe)

Po porciji: Kalorije: 218; Masti: 13 g; Ugljikohidrati: 21,4 g; Bjelančevine: 5,8 g

Sastojci

4 artičoke, obrezane, uklonjeni tvrdi vanjski listovi i peteljke, prepolovljene

2 limuna, svježe iscijeđena

4 žlice ekstra djevičanskog maslinovog ulja

4 češnja češnjaka nasjeckana

1 žličica svježeg ružmarina

1 žličica svježeg bosiljka

1 žličica svježeg peršina

1 žličica svježeg origana

Mljevena morska sol i mljeveni crni papar, po ukusu

1 žličica pahuljica crvene paprike

1 žličica paprike

smjer

Započnite tako da prethodno zagrijete pećnicu na 395 stupnjeva F. Utrljajte sok od limuna po svim artičokama.

U maloj posudi za miješanje temeljito pomiješajte češnjak sa začinskim biljem i začinima

Stavite polovice artičoka u posudu za pečenje obloženu papirom za pečenje, s prerezanom stranom prema gore. Artičoke ravnomjerno premažite maslinovim uljem. Udubine napunite mješavinom češnjaka i začinskog bilja.

Pecite oko 20 minuta. Sada ih pokrijemo aluminijskom folijom i pečemo još 30 minuta. Poslužite toplo i uživajte!

Pečeni kelj na tajlandski način

(Spremno za oko 10 minuta | Za 4 osobe)

Po porciji: Kalorije: 165; Masti: 9,3 g; Ugljikohidrati: 16,5 g; Bjelančevine: 8,3 g

Sastojci

1 čaša vode

1 ½ funte kelja, čvrste stabljike i rebra uklonjene, narezane

2 žlice sezamovog ulja

1 žličica svježeg češnjaka, zgnječenog

1 žličica đumbira, oguljenog i naribanog

1 tajlandski čili, nasjeckan

1/2 žličice kurkume u prahu

1/2 šalice kokosovog mlijeka

Košer sol i mljeveni crni papar, po ukusu

smjer

U velikom loncu brzo prokuhajte vodu. Dodajte kelj i kuhajte dok ne postane proziran, oko 3 minute. Ocijedite, isperite i ocijedite.

Obrišite lonac papirnatim ručnicima i zagrijte sezamovo ulje na srednje jakoj vatri. Kad se zagrije, kuhajte češnjak, đumbir i čili otprilike 1 minutu, dok ne zamirišu.

Dodajte kelj i kurkumu u prahu i nastavite kuhati još 1 minutu ili dok se ne zagrije.

Postupno ulijevajte kokosovo mlijeko, sol i crni papar; nastavite kuhati dok se tekućina ne zgusne. Kušajte, začinite i poslužite vruće. Uživajte u jelu!

Svilenkasti pire od korabice

(Spremno za oko 30 minuta | 4 porcije)

Po porciji: Kalorije: 175; Masti: 12,8 g; ugljikohidrati: 12,5 g; Bjelančevine: 4,1 g

Sastojci

1 ½ funte korabice, oguljene i narezane na komade

4 žlice veganskog maslaca

Morska sol i svježe mljeveni crni papar, po ukusu

1/2 žličice sjemenki kumina

1/2 žličice sjemenki korijandera

1/2 šalice sojinog mlijeka

1 žličica svježeg kopra

1 žličica svježeg peršina

smjer

Kuhajte korabicu u kipućoj slanoj vodi dok ne omekša, oko 30 minuta; odvoditi.

Pire od korabice s veganskim maslacem, soli, crnim paprom, sjemenkama kumina i korijandera.

Pasirajte sastojke potopnim blenderom, postupno dodajući mlijeko. Pospite svježim koprom i peršinom. Uživajte u jelu!

Kremasto pirjani špinat

(Spremno za oko 15 minuta | Za 4 osobe)

Po porciji: Kalorije: 146; Masti: 7,8 g; Ugljikohidrati: 15,1 g; Bjelančevine: 8,3 g

Sastojci

- 2 žlice veganskog maslaca
- 1 glavica luka nasjeckana
- 1 žličica češnjaka, mljevenog
- 1 ½ šalice juhe od povrća
- 2 kg špinata nasjeckanog
- Morska sol i mljeveni crni papar, po ukusu
- 1/4 žličice sušenog komorača
- 1/4 žličice sjemena gorušice
- 1/2 žličice sjemenki celera
- 1 žličica kajenskog papra

1/2 šalice zobenog mlijeka

smjer

U loncu otopite veganski maslac na srednje jakoj vatri.

Zatim pirjajte luk oko 3 minute ili dok ne omekša i postane proziran. Zatim pirjajte češnjak oko 1 minutu dok ne zamiriše.

Dodajte temeljac i špinat te prokuhajte.

Uključite vatru da zavrije. Dodajte začine i nastavite kuhati još 5 minuta.

Dodajte mlijeko i nastavite kuhati još 5 minuta. Uživajte u jelu!

Aromatična pirjana korabica

(Spremno za oko 10 minuta | Za 4 osobe)

Po porciji: Kalorije: 137; Masti: 10,3 g; Ugljikohidrati: 10,7 g; Bjelančevine: 2,9 g

Sastojci

3 žlice sezamovog ulja

1 ½ funte korabice, oguljene i narezane na kockice

1 žličica češnjaka, mljevenog

1/2 žličice sušenog bosiljka

1/2 žličice sušenog origana

Morska sol i mljeveni crni papar, po ukusu

smjer

U tavi koja se ne lijepi zagrijte sezamovo ulje. Kad se zagrije, pirjajte korabicu oko 6 minuta.

Dodajte češnjak, bosiljak, origano, sol i crni papar. Nastavite kuhati još 1 do 2 minute.

Poslužite toplo. Uživajte u jelu!

Klasični kuhani kupus

(Spremno za oko 20 minuta | 4 porcije)

Po porciji: Kalorije: 197; Masti: 14,3 g; ugljikohidrati: 14,8 g; Bjelančevine: 4 g

Sastojci

4 žlice sezamovog ulja

1 glavica luka nasjeckana

2 češnja češnjaka, mljevena

2 lista lovora

1 šalica temeljca od povrća

1 ½ funte ljubičastog kupusa, narezanog na komade

1 žličica pahuljica crvene paprike

Morska sol i crni papar, po ukusu

smjer

Zagrijte sezamovo ulje u loncu na srednje jakoj vatri. Kad se zagrije, pirjajte luk 3 do 4 minute, povremeno miješajući kako biste potaknuli kuhanje.

Dodajte češnjak i lovorov list i nastavite kuhati još 1 minutu ili dok ne zamiriše.

Dodajte ljuskice crvenog kupusa, sol i crni papar u juhu i nastavite pirjati, poklopljeno, oko 12 minuta ili dok kupus ne omekša.

Kušajte, začinite i poslužite vruće. Uživajte u jelu!

Pržena mrkva sa sezamom

(Spremno za oko 10 minuta | Za 4 osobe)

Po porciji: Kalorije: 244; Masti: 16,8 g; Ugljikohidrati: 22,7 g; Bjelančevine: 3,4 g

Sastojci

1/3 šalice juhe od povrća

2 kilograma mrkve narezati i narezati na štapiće

4 žlice sezamovog ulja

1 žličica češnjaka, mljevenog

Himalajska sol i svježe mljeveni crni papar, po ukusu

1 žličica kajenskog papra

2 žlice svježeg peršina, nasjeckanog

2 žlice sjemenki sezama

smjer

U velikom loncu zakuhajte temeljac od povrća. Uključite vatru na srednje nisku. Dodajte mrkvu i nastavite kuhati, poklopljeno, oko 8 minuta, dok mrkva ne omekša.

Zagrijte sezamovo ulje na srednje jakoj vatri; sada pirjajte češnjak 30 sekundi ili dok ne zamiriše. Dodajte sol, crni papar i crvenu papriku.

U maloj tavi tostirajte sjemenke sezama 1 minutu ili dok ne postanu mirisne i zlatne.

Za posluživanje prženu mrkvu ukrasite peršinom i prženim sezamom. Uživajte u jelu!

Pečena mrkva s tahini umakom

(Spremno za oko 25 minuta | 4 porcije)

Po porciji: Kalorije: 365; Masti: 23,8 g; Ugljikohidrati: 35,3 g; Bjelančevine: 6,1 g

Sastojci

2 ½ funte mrkve oprati, obrezati i prepoloviti po dužini

4 žlice maslinovog ulja

Morska sol i mljeveni crni papar, po ukusu

Umak:

4 žlice tahinija

1 žličica češnjaka, zgnječenog

2 žlice bijelog octa

2 žlice soja umaka

1 žličica delikatesnog senfa

1 žličica agavinog sirupa

1/2 žličice sjemenki kumina

1/2 žličice suhe biljke kopra

smjer

Počnite tako da prethodno zagrijete pećnicu na 400 stupnjeva F.

Prelijte mrkvu maslinovim uljem, solju i crnim paprom. Posložite ih u jednom sloju na pleh obložen papirom za pečenje.

Pecite mrkvu u zagrijanoj pećnici oko 20 minuta, dok ne omekša.

U međuvremenu pomiješajte sve sastojke za preljev dok se dobro ne sjedine.

Poslužite mrkvu s umakom za umakanje. Uživajte u jelu!

Pečena cvjetača sa začinskim biljem

(Spremno za oko 30 minuta | 4 porcije)

Po porciji: Kalorije: 175; Masti: 14 g; Ugljikohidrati: 10,7 g; Bjelančevine: 3,7 g

Sastojci

1 ½ funte cvjetače

1/4 šalice maslinovog ulja

4 češnja češnjaka, cijela

1 žlica svježeg bosiljka

1 žlica svježeg korijandera

1 žlica svježeg origana

1 žlica svježeg ružmarina

1 žlica svježeg peršina

Morska sol i mljeveni crni papar, po ukusu

1 žličica pahuljica crvene paprike

smjer

Započnite zagrijavanjem pećnice na 425 stupnjeva F. Prelijte cvjetaču maslinovim uljem i stavite na lim za pečenje obložen papirom za pečenje.

Zatim pecite cvjetaču oko 20 minuta; ubacite ih s češnjakom i začinima i nastavite kuhati još 10 minuta.

Poslužite toplo. Uživajte u jelu!

Kremasti pire od brokule od ružmarina

(Spremno za oko 15 minuta | Za 4 osobe)

Po porciji: Kalorije: 155; Masti: 9,8 g; Ugljikohidrati: 14,1 g; Bjelančevine: 5,7 g

Sastojci

1 ½ funte cvjetića brokule

3 žlice veganskog maslaca

4 češnja češnjaka nasjeckana

2 grančice svježeg ružmarina, listove ubrati i nasjeckati

Morska sol i crvena paprika, po ukusu

1/4 šalice sojinog mlijeka, nezaslađenog

smjer

Cvjetiće brokule kuhajte na pari oko 10 minuta; ostaviti sa strane da se ohladi.

U loncu otopite veganski maslac na srednje jakoj vatri; sada pirjajte češnjak i ružmarin oko 1 minutu ili dok ne zamirišu.

Dodajte cvjetove brokule u procesor hrane, a zatim smjesu pirjanog češnjaka/ružmarina, sol, papar i mlijeko. Pasirajte dok se sve dobro ne sjedini.

Po želji ukrasite svježim začinskim biljem i poslužite vruće. Uživajte u jelu!

Lagana tepsija od blitve

(Spremno za oko 15 minuta | Za 4 osobe)

Po porciji: Kalorije: 169; Masti: 11,1 g; Ugljikohidrati: 14,9 g; Bjelančevine: 6,3 g

Sastojci

3 žlice maslinovog ulja

1 luk narezan na tanke ploške

1 crvena paprika, orezana i narezana na kockice

4 češnja češnjaka nasjeckana

1 šalica temeljca od povrća

2 funte blitve kojoj su uklonjene žilave peteljke, nasjeckana

Morska sol i mljeveni crni papar, po ukusu

smjer

U loncu zagrijte maslinovo ulje na srednje jakoj vatri.

Zatim pirjajte luk i papriku oko 3 minute ili dok ne omekšaju. Zatim pirjajte češnjak oko 1 minutu dok ne zamiriše.

Dodajte juhu i griz i prokuhajte. Vratite vatru na vatru i nastavite kuhati još 10 minuta.

Začinite solju i crnim paprom po ukusu i poslužite toplo. Uživajte u jelu!

Pečeni kelj s vinom

(Spremno za oko 10 minuta | Za 4 osobe)

Po porciji: Kalorije: 205; Masti: 11,8 g; Ugljikohidrati: 17,3 g; Bjelančevine: 7,6 g

Sastojci

1/2 šalice vode

1 ½ kilograma kelja

3 žlice maslinovog ulja

4 žlice luka, nasjeckanog

4 češnja češnjaka, mljevena

1/2 šalice suhog bijelog vina

1/2 žličice sjemena gorušice

Košer sol i mljeveni crni papar, po ukusu

smjer

Zakuhajte vodu u velikom loncu. Dodajte kelj i kuhajte dok ne postane proziran, oko 3 minute. Ocijedite i osušite.

Obrišite lonac papirnatim ručnicima i zagrijte maslinovo ulje na srednje jakoj vatri. Kad se zagrije, kuhajte luk i češnjak oko 2 minute dok ne zamirišu.

Dodajte vino ocijeđeno od zelenog kupusa, sjemenke gorušice, sol, crni papar; nastavite kuhati, poklopljeno, još 5 minuta ili dok se ne zagrije.

Ulijte u pojedinačne zdjelice i poslužite vruće. Uživajte u jelu!

Francuski Haricots Verts

(Spremno za oko 10 minuta | Za 4 osobe)

Po porciji: Kalorije: 197; Masti: 14,5 g; Ugljikohidrati: 14,4 g; Bjelančevine: 5,4 g

Sastojci

1 ½ šalice juhe od povrća

1 romska rajčica, pasirana

1 ½ funte Haricots Verts, podrezane

4 žlice maslinovog ulja

2 češnja češnjaka, mljevena

1/2 žličice crvene paprike

1/2 žličice sjemenki kumina

1/2 žličice sušenog origana

Morska sol i svježe mljeveni crni papar, po ukusu

1 žlica svježeg soka od limuna

smjer

Pustiti da prokuha sok od povrća i očišćenu rajčicu. Dodajte Haricots Verts i kuhajte oko 5 minuta dok Haricots Verts ne postanu hrskavi; pričuva.

U loncu zagrijte maslinovo ulje na srednje jakoj vatri; pirjajte češnjak 1 minutu ili dok ne zamiriše.

Dodajte začine i sačuvane zelene mahune; neka se kuha oko 3 minute dok ne bude kuhano.

Poslužite s nekoliko kapi svježeg limunova soka. Uživajte u jelu!

Pasirana repa s maslacem

(Spremno za oko 35 minuta | 4 porcije)

Po porciji: Kalorije: 187; Masti: 13,6 g; ugljikohidrati: 14 g; Bjelančevine: 3,6 g

Sastojci

2 čaše vode

1 ½ funte repe, oguljene i narezane na male komadiće

4 žlice veganskog maslaca

1 šalica zobenog mlijeka

2 grančice svježeg ružmarina, nasjeckanog

1 žlica svježeg peršina, nasjeckanog

1 žličica paste od đumbira i češnjaka

Košer sol i svježe mljeveni crni papar

1 žličica mljevene crvene paprike

smjer

Zakuhajte vodu; uključite vatru i kuhajte repu oko 30 minuta; odvoditi.

Koristeći blender, pasirajte repu s veganskim maslacem, mlijekom, ružmarinom, peršinom, pastom od đumbira i češnjaka, soli, crnim paprom, crvenom paprikom, po potrebi dodajte tekućinu od kuhanja.

Uživajte u jelu!

Tikvice pržene sa začinskim biljem

(Spremno za oko 10 minuta | Za 4 osobe)

Po porciji: Kalorije: 99; Masti: 7,4 g; ugljikohidrati: 6 g; Bjelančevine: 4,3 g

Sastojci

2 žlice maslinovog ulja

1 luk, narezan na ploške

2 češnja češnjaka, mljevena

1 ½ funte tikvica, narezanih na kriške

Morska sol i svježe mljeveni crni papar, po ukusu

1 žličica kajenskog papra

1/2 žličice sušenog bosiljka

1/2 žličice sušenog origana

1/2 žličice sušenog ružmarina

smjer

U loncu zagrijte maslinovo ulje na srednje jakoj vatri.

Kad se zagrije, pirjajte luk oko 3 minute ili dok ne omekša. Zatim pirjajte češnjak oko 1 minutu dok ne zamiriše.

Dodajte tikvice zajedno sa začinima i nastavite kuhati još 6 minuta dok ne omekšaju.

Kušajte i prilagodite začine. Uživajte u jelu!

Pire od slatkog krumpira

(Spremno za oko 20 minuta | 4 porcije)

Po porciji: Kalorije: 338; Masti: 6,9 g; ugljikohidrati: 68 g; Bjelančevine: 3,7 g

Sastojci

- 1 ½ funte slatkog krumpira, oguljenog i narezanog na kockice
- 2 žlice veganskog maslaca, otopljenog
- 1/2 šalice agavinog sirupa
- 1 žličica začina za pitu od bundeve
- Prstohvat morske soli
- 1/2 šalice kokosovog mlijeka

smjer

Prekrijte batat s centimetrom ili dva hladne vode. Kuhajte slatki krumpir u lagano kipućoj vodi oko 20 minuta; dobro ocijediti.

Dodajte slatki krumpir u zdjelu procesora hrane; dodajte veganski maslac, agavin sirup, začin za pitu od bundeve i sol.

Nastavite pasirati, postupno dodavajući mlijeko dok se sve dobro ne sjedini. Uživajte u jelu!

Sherry Roasted King Truba

(Spremno za oko 20 minuta | 4 porcije)

Po porciji: Kalorije: 138; Masti: 7,8 g; Ugljikohidrati: 11,8 g; Bjelančevine: 5,7 g

Sastojci

1 ½ funte kraljevskih gljiva trubača, očišćenih i prepolovljenih po dužini.

2 žlice maslinovog ulja

4 češnja češnjaka, mljevena ili nasjeckana

1/2 žličice sušenog ružmarina

1/2 žličice suhe majčine dušice

1/2 žličice suhih peršinovih listića

1 žličica Dijon senfa

1/4 šalice suhog šerija

Morska sol i svježe mljeveni crni papar, po ukusu

smjer

Počnite tako da prethodno zagrijete pećnicu na 390 stupnjeva F. Obložite veliki lim za pečenje papirom za pečenje.

U zdjelu pomiješajte gljive s preostalim sastojcima dok se dobro ne pokriju sa svih strana.

Stavite gljive u jednom sloju u pripremljenu posudu.

Pecite gljive oko 20 minuta, s tim da ih na pola kuhanja ubacite.

Uživajte u jelu!

Pire od cikle i krumpira

(Spremno za oko 35 minuta | Za 5 osoba)

Po porciji: Kalorije: 177; Masti: 5,6 g; Ugljikohidrati: 28,2 g; Bjelančevine: 4 g

Sastojci

1 ½ funte krumpira, oguljenog i narezanog na kockice

1 funta cikle, oguljene i narezane na kockice

2 žlice veganskog maslaca

1/2 žličice delikatesnog senfa

1/2 šalice sojinog mlijeka

1/2 žličice mljevenog kima

1 žličica paprike

Morska sol i mljeveni crni papar, po ukusu

smjer

Kuhajte krumpir i repu u kipućoj slanoj vodi dok ne omekšaju, oko 30 minuta; odvoditi.

Pasirajte povrće s veganskim maslacem, senfom, mlijekom, kuminom, paprikom, soli i crnim paprom do željene gustoće.

Uživajte u jelu!

Tradicionalni indijski Rajma Dal

(Spremno za oko 20 minuta | 4 porcije)

Po porciji: Kalorije: 269; Masti: 15,2 g; Ugljikohidrati: 22,9 g; Bjelančevine: 7,2 g

Sastojci

3 žlice sezamovog ulja

1 žličica đumbira, mljevenog

1 žličica sjemenki kumina

1 žličica sjemenki korijandera

1 veliki luk, nasjeckan

1 stabljika celera, nasjeckana

1 žličica češnjaka, mljevenog

1 šalica umaka od rajčice

1 žličica garam masale

1/2 žličice curry praha

1 mali štapić cimeta

1 zeleni čili izrezan i nasjeckan

2 šalice konzerviranog crvenog graha, ocijeđenog

2 šalice juhe od povrća

Košer sol i mljeveni crni papar, po ukusu

smjer

U loncu zagrijte sezamovo ulje na srednje jakoj vatri; sada pirjajte đumbir, sjemenke kumina i sjemenke korijandera dok ne zamirišu ili otprilike 30 sekundi.

Dodajte luk i celer i nastavite pirjati još 3 minute dok ne omekšaju.

Dodajte češnjak i nastavite pržiti još 1 minutu.

Pomiješajte preostale sastojke u loncu i zakuhajte. Nastavite kuhati 10 do 12 minuta ili dok ne bude kuhano. Poslužite toplo i uživajte!

Salata od crvenog graha

(Spremno za oko 1 sat + vrijeme hlađenja | srpski 6)

Po porciji: Kalorije: 443; Masti: 19,2 g; Ugljikohidrati: 52,2 g; Bjelančevine: 18,1 g

Sastojci

3/4 funte crvenog graha, namočenog preko noći

2 paprike babure, nasjeckane

1 mrkva izrezana i naribana

3 unce smrznutih ili konzerviranih kukuruznih zrna, ocijeđenih

3 pune žlice nasjeckanog luka

2 češnja češnjaka, mljevena

1 crvena čili papričica, narezana na ploške

1/2 šalice ekstra djevičanskog maslinovog ulja

2 žlice jabučnog octa

2 žlice svježeg soka od limuna

Morska sol i mljeveni crni papar, po ukusu

2 žlice svježeg cilantra, nasjeckanog

2 žlice svježeg peršina, nasjeckanog

2 žlice svježeg bosiljka, nasjeckanog

smjer

Namočeni grah prelijte svježom hladnom vodom i prokuhajte. Pustite da kuha oko 10 minuta. Smanjite vatru i nastavite kuhati 50 do 55 minuta ili dok ne omekša.

Pustite da se grah potpuno ohladi, a zatim ga prebacite u zdjelu za salatu.

Dodajte preostale sastojke i promiješajte da se dobro sjedine. Uživajte u jelu!

Anasazi varivo od graha i povrća

(Spremno za oko 1 sat | srpski 3)

Po porciji: Kalorije: 444; Masti: 15,8 g; Ugljikohidrati: 58,2 g; Bjelančevine: 20,2 g

Sastojci

1 šalica Anasazi graha, namočenog preko noći i ocijeđenog

3 šalice juhe od pirjanog povrća

1 lovor

1 grančica majčine dušice, nasjeckana

1 grančica ružmarina, nasjeckana

3 žlice maslinovog ulja

1 veliki luk, nasjeckan

2 stabljike celera, nasjeckane

2 mrkve, naribane

2 paprike babure, orezane i mljevene

1 zeleni čili, očišćen od sjemenki i samljeven

2 češnja češnjaka, mljevena

Morska sol i mljeveni crni papar, po ukusu

1 žličica kajenskog papra

1 žličica paprike

smjer

Zakuhajte Anasazi grah i juhu u loncu. Nakon što zavrije, smanjite vatru na nisku. Dodajte lovorov list, majčinu dušicu i ružmarin; neka se kuha oko 50 minuta ili dok ne omekša.

U međuvremenu, u loncu s debelim dnom zagrijte maslinovo ulje na srednje jakoj vatri. Sada pirjajte luk, celer, mrkvu i papriku oko 4 minute dok ne omekšaju.

Dodajte češnjak i nastavite pržiti još 30 sekundi ili dok ne zamiriše.

Skuhanu smjesu dodajte u kuhani grah. Začinite solju, crnim paprom, kajenskim paprom i paprikom.

Nastavite pirjati uz povremeno miješanje još 10 minuta ili dok sve ne bude kuhano. Uživajte u jelu!

Lagana i srdačna Shakshuka

(Spremno za oko 50 minuta | Za 4 osobe)

Po porciji: Kalorije: 324; Masti: 11,2 g; Ugljikohidrati: 42,2 g; Bjelančevine: 15,8 g

Sastojci

2 žlice maslinovog ulja

1 glavica luka nasjeckana

2 paprike babure, nasjeckane

1 poblano paprika, mljevena

2 češnja češnjaka, mljevena

2 pasirane rajčice

Morska sol i crni papar, po ukusu

1 žličica sušenog bosiljka

1 žličica pahuljica crvene paprike

1 žličica paprike

2 lista lovora

1 šalica slanutka, namočenog preko noći, ispranog i ocijeđenog

3 šalice juhe od povrća

2 žlice svježeg cilantra, grubo nasjeckanog

smjer

Zagrijte maslinovo ulje u loncu na srednje jakoj vatri. Kad se zagrije, kuhajte luk, papriku i češnjak oko 4 minute, dok ne omekšaju i ne zamirišu.

Dodajte pasiranu rajčicu, morsku sol, crni papar, bosiljak, crvenu papriku, papriku i lovorov list.

Pojačajte vatru i dodajte slanutak i temeljac od povrća. Kuhajte 45 minuta ili dok ne omekša.

Kušajte i prilagodite začine. Žlicom rasporedite svoju shakshuku u pojedinačne zdjelice i poslužite ukrašenu svježim cilantrom. Uživajte u jelu!

staromodni čili

(Spremno za oko 1 sat i 30 minuta | Za 4 osobe)

Po porciji: Kalorije: 514; Masti: 16,4 g; Ugljikohidrati: 72 g; Bjelančevine: 25,8 g

Sastojci

3/4 funte crvenog graha, namočenog preko noći

2 žlice maslinovog ulja

1 glavica luka nasjeckana

2 paprike babure, nasjeckane

1 crvena čili papričica, nasjeckana

2 stabljike celera, nasjeckane

2 češnja češnjaka, mljevena

2 lista lovora

1 žličica mljevenog kima

1 žličica majčine dušice, nasjeckane

1 žličica crnog papra

20 unci rajčica, zdrobljenih

2 šalice juhe od povrća

1 žličica dimljene paprike

Morska sol, po ukusu

2 žlice svježeg cilantra, nasjeckanog

1 avokado, bez koštice, oguljen i narezan na ploške

smjer

Namočeni grah prelijte svježom hladnom vodom i prokuhajte. Pustite da kuha oko 10 minuta. Smanjite vatru i nastavite kuhati 50 do 55 minuta ili dok ne omekša.

U loncu s debelim dnom zagrijte maslinovo ulje na srednje jakoj vatri. Kad se zagrije, pirjajte luk, papriku i celer.

Pirjajte češnjak, lovorov list, mljeveni kim, majčinu dušicu i zrna crnog papra otprilike 1 minutu.

Dodajte rajčicu narezanu na kockice, povrtni temeljac, papriku, sol i kuhani grah. Kuhajte uz povremeno miješanje 25 do 30 minuta ili dok ne skuha.

Poslužite ukrašeno svježim cilantrom i avokadom. Uživajte u jelu!

Lagana salata s crvenom lećom

(Spremno za oko 20 minuta + vrijeme hlađenja | srpski 3)

Po porciji: Kalorije: 295; Masti: 18,8 g; Ugljikohidrati: 25,2 g; Bjelančevine: 8,5 g

Sastojci

1/2 šalice crvene leće, namočene preko noći i ocijeđene

1 ½ šalice vode

1 grančica ružmarina

1 list lovora

1 šalica grožđanih rajčica, prepolovljenih

1 krastavac narezan na tanke ploške

1 paprika, tanko narezana

1 režanj češnjaka, samljeven

1 luk narezan na tanke ploške

2 žlice svježeg soka od limuna

4 žlice maslinovog ulja

Morska sol i mljeveni crni papar, po ukusu

smjer

Dodajte crvenu leću, vodu, ružmarin i lovorov list u lonac i pustite da zavrije na jakoj vatri. Zatim smanjite vatru i nastavite kuhati 20 minuta ili dok ne omekša.

Stavite leću u zdjelu za salatu i pustite da se potpuno ohladi.

Dodajte preostale sastojke i promiješajte da se dobro sjedine. Poslužite na sobnoj temperaturi ili dobro ohlađeno.

Uživajte u jelu!

Salata od slanutka na mediteranski način

(Spremno za oko 40 minuta + vrijeme hlađenja | srpski 4)

Po porciji: Kalorije: 468; Masti: 12,5 g; Ugljikohidrati: 73 g; Bjelančevine: 21,8 g

Sastojci

2 šalice slanutka, namočenog preko noći i ocijeđenog

1 perzijski krastavac, narezan na ploške

1 šalica cherry rajčica, prepolovljenih

1 crvena paprika, obrezana i narezana

1 zelena paprika, obrezana i narezana

1 žličica delikatesnog senfa

1 žličica sjemenki korijandera

1 žličica jalapeno papra, mljevenog

1 žlica svježeg soka od limuna

1 žlica balzamičnog octa

1/4 šalice ekstra djevičanskog maslinovog ulja

Morska sol i mljeveni crni papar, po ukusu

2 žlice svježeg cilantra, nasjeckanog

2 žlice Kalamata maslina, očišćenih od koštica i narezanih na ploške

smjer

Stavite slanutak u lonac; prekrijte slanutak vodom za 2 cm. Neka prokuha.

Odmah smanjite vatru i nastavite kuhati oko 40 minuta ili dok ne omekša.

Prebacite slanutak u zdjelu za salatu. Dodajte preostale sastojke i promiješajte da se dobro sjedine. Uživajte u jelu!

Tradicionalno varivo s toskanskim grahom (Ribollita)

(Spremno za oko 25 minuta | Za 5 osoba)

Po porciji: Kalorije: 388; Masti: 10,3 g; Ugljikohidrati: 57,3 g; Bjelančevine: 19,5 g

Sastojci

3 žlice maslinovog ulja

1 srednji poriluk, nasjeckan

1 list celera, nasjeckan

1 tikvica, narezana na kockice

1 talijanska paprika, narezana na ploške

3 češnja češnjaka, protisnuta

2 lista lovora

Košer sol i mljeveni crni papar, po ukusu

1 žličica kajenskog papra

1 (28 unci) konzerva zgnječenih rajčica

2 šalice juhe od povrća

2 limenke (15 unci) boba, ocijeđene

2 šalice kupusa lacinato, nasjeckanog

1 šalica crostinija

smjer

U loncu s debelim dnom zagrijte maslinovo ulje na srednje jakoj vatri. Kad se zagrije, pirjajte poriluk, celer, tikvicu i papriku oko 4 minute.

Pirjajte češnjak i lovor oko 1 minutu.

Dodajte začine, rajčice, juhu i grah iz konzerve. Kuhajte uz povremeno miješanje oko 15 minuta ili dok ne skuha.

Dodajte Lacinato kelj i nastavite kuhati uz povremeno miješanje 4 minute.

Poslužite ukrašeno crostinima. Uživajte u jelu!

Beluga leća i melange s povrćem

(Spremno za oko 25 minuta | Za 5 osoba)

Po porciji: Kalorije: 382; Masti: 9,3 g; Ugljikohidrati: 59 g; Bjelančevine: 17,2 g

Sastojci

- 3 žlice maslinovog ulja
- 1 glavica luka nasjeckana
- 2 paprike babure, orezane i mljevene
- 1 mrkva, oguljena i narezana na kockice
- 1 peršin, orezan i nasjeckan
- 1 žličica đumbira, mljevenog
- 2 češnja češnjaka, mljevena
- Morska sol i mljeveni crni papar, po ukusu
- 1 veća tikvica, narezana na kockice
- 1 šalica umaka od rajčice

1 šalica temeljca od povrća

1 ½ šalice beluga leće, namočene preko noći i ocijeđene

2 šalice blitve

smjer

U pećnici zagrijte maslinovo ulje do smeđe boje. Sada pirjajte luk, papriku, mrkvu i peršin dok ne omekšaju.

Dodajte đumbir i češnjak i nastavite pirjati još 30 sekundi.

Sada dodajte sol, crni papar, tikvice, umak od rajčice, povrtni temeljac i leću; pustite da lagano kuha oko 20 minuta dok se sve potpuno ne skuha.

Dodajte blitvu; poklopite i ostavite da lagano kuha još 5 minuta. Uživajte u jelu!

Meksička šalica s tacosima od slanutka

(Spremno za oko 15 minuta | Za 4 osobe)

Po porciji: Kalorije: 409; Masti: 13,5 g; Ugljikohidrati: 61,3 g; Bjelančevine: 13,8 g

Sastojci

2 žlice sezamovog ulja

1 glavica crvenog luka nasjeckana

1 habanero paprika, mljevena

2 češnja češnjaka, zgnječena

2 paprike babure, orezane i narezane na kockice

Morska sol i mljeveni crni papar

1/2 žličice meksičkog origana

1 žličica mljevenog kima

2 zrele rajčice, pasirane

1 žličica smeđeg šećera

16 unci konzerviranog slanutka, ocijeđenog

4 (8 inča) tortilje od brašna

2 žlice svježeg korijandera, grubo nasjeckanog

smjer

U velikoj tavi zagrijte sezamovo ulje na srednje jakoj vatri. Zatim pirjajte luk 2 do 3 minute ili dok ne omekša.

Dodajte paprike i češnjak i nastavite pržiti 1 minutu ili dok ne zamiriše.

Dodajte začine, rajčice i smeđi šećer i pustite da zavrije. Odmah zagrijte do vrenja, dodajte slanutak iz konzerve i kuhajte još 8 minuta dok se ne zagrije.

Umočite svoje tortilje i prelijte pripremljenom smjesom od slanutka.

Ukrasite svježim korijanderom i odmah poslužite. Uživajte u jelu!

Indijac Dal Makhani

(Spremno za oko 20 minuta | Za 6 osoba)

Po porciji: Kalorije: 329; Masti: 8,5 g; Ugljikohidrati: 44,1 g; Bjelančevine: 16,8 g

Sastojci

3 žlice sezamovog ulja

1 veliki luk, nasjeckan

1 paprika, očišćena od sjemenki i nasjeckana

2 češnja češnjaka, mljevena

1 žlica đumbira, mljevenog

2 zelena čilija, izrezana i mljevena

1 žličica sjemenki kumina

1 lovor

1 žličica kurkume u prahu

1/4 žličice pahuljica crvene paprike

1/4 žličice mljevenog papra

1/2 žličice garam masale

1 šalica umaka od rajčice

4 šalice juhe od povrća

1 ½ šalice crne leće, namočene preko noći i ocijeđene

4-5 listova curryja, za ukras h

smjer

U loncu zagrijte sezamovo ulje na srednje jakoj vatri; Sada pirjajte luk i papriku još 3 minute dok ne omekšaju.

Dodajte češnjak, đumbir, zeleni čili, sjemenke kumina i lovorov list; nastavite pržiti, često miješajući, 1 minutu ili dok ne zamiriše.

Umiješajte preostale sastojke osim listova curryja. Sada uključite vatru da lagano kuha. Nastavite kuhati još 15 minuta ili dok se ne skuha.

Ukrasite curry listićima i poslužite vruće!

Zdjela za grah u meksičkom stilu

(Spremno za oko 1 sat + vrijeme hlađenja | srpski 6)

Po porciji: Kalorije: 465; Masti: 17,9 g; Ugljikohidrati: 60,4 g; Bjelančevine: 20,2 g

Sastojci

1 funta crvenog graha, namočenog preko noći i ocijeđenog

1 šalica konzerviranog kukuruznog zrna, ocijeđenog

2 pečene paprike narezane na ploške

1 čili papričica, sitno nasjeckana

1 šalica cherry rajčica, prepolovljenih

1 glavica crvenog luka nasjeckana

1/4 šalice svježeg cilantra, nasjeckanog

1/4 šalice svježeg peršina, nasjeckanog

1 žličica meksičkog origana

1/4 šalice crvenog vinskog octa

2 žlice svježeg soka od limuna

1/3 šalice ekstra djevičanskog maslinovog ulja

Morska i mljevena crna sol, po ukusu

1 avokado, oguljen, očišćen od koštice i narezan na ploške

smjer

Namočeni grah prelijte svježom hladnom vodom i prokuhajte. Pustite da kuha oko 10 minuta. Smanjite vatru i nastavite kuhati 50 do 55 minuta ili dok ne omekša.

Pustite da se grah potpuno ohladi, a zatim ga prebacite u zdjelu za salatu.

Dodajte preostale sastojke i promiješajte da se dobro sjedine. Poslužite na sobnoj temperaturi.

Uživajte u jelu!

Klasična talijanska minestrone

(Spremno za oko 30 minuta | Za 5 osoba)

Po porciji: Kalorije: 305; Masti: 8,6 g; Ugljikohidrati: 45,1 g; Bjelančevine: 14,2 g

Sastojci

2 žlice maslinovog ulja

1 veliki luk, narezan na kockice

2 mrkve, narezane na ploške

4 češnja češnjaka, mljevena

1 šalica tjestenine za lakat

5 šalica juhe od povrća

1 (15 unci) konzerva bijelog graha, ocijeđena

1 veća tikvica, narezana na kockice

1 (28 unci) konzerva zgnječenih rajčica

1 žlica svježeg lišća origana, nasjeckanog

1 žlica svježeg lišća bosiljka, nasjeckanog

1 žlica svježeg talijanskog peršina, nasjeckanog

smjer

U pećnici zagrijte maslinovo ulje do smeđe boje. Sada pirjajte luk i mrkvu dok ne omekšaju.

Dodajte češnjak, nekuhanu tjesteninu i juhu; neka prokuha oko 15 minuta.

Pomiješajte mahune, tikvice, rajčice i začinsko bilje. Nastavite kuhati poklopljeno oko 10 minuta dok se sve ne skuha.

Po želji ukrasite dodatnim začinskim biljem. Uživajte u jelu!

Varivo od zelene leće sa zelenilom

(Spremno za oko 30 minuta | Za 5 osoba)

Po porciji: Kalorije: 415; Masti: 6,6 g; Ugljikohidrati: 71 g; Bjelančevine: 18,4 g

Sastojci

2 žlice maslinovog ulja

1 glavica luka nasjeckana

2 slatka krumpira, oguljena i narezana na kockice

1 paprika, mljevena

2 mrkve, naribane

1 peršin, nasjeckan

1 celer, nasjeckan

2 češnja češnjaka

1 ½ šalice zelene leće

1 žlica mješavine talijanskog bilja

1 šalica umaka od rajčice

5 šalica juhe od povrća

1 šalica smrznutog kukuruza

1 šalica zelja, nasjeckanog

smjer

U pećnici zagrijte maslinovo ulje do smeđe boje. Sada pirjajte luk, batat, papriku, mrkvu, peršin i celer dok ne omekšaju.

Dodajte češnjak i nastavite pržiti još 30 sekundi.

Sada dodajte zelenu leću, mješavinu talijanskog bilja, umak od rajčice i temeljac od povrća; pustite da lagano kuha oko 20 minuta dok se sve potpuno ne skuha.

Dodajte smrznuti kukuruz i zelje; poklopite i ostavite da lagano kuha još 5 minuta. Uživajte u jelu!

Vrtna mješavina povrća od slanutka

(Spremno za oko 30 minuta | 4 porcije)

Po porciji: Kalorije: 369; Masti: 18,1 g; Ugljikohidrati: 43,5 g; Bjelančevine: 13,2 g

Sastojci

2 žlice maslinovog ulja

1 sitno nasjeckani luk

1 paprika, mljevena

1 lukovica komorača, nasjeckana

3 češnja češnjaka, mljevena

2 zrele rajčice, pasirane

2 žlice svježeg peršina, grubo nasjeckanog

2 žlice svježeg bosiljka, grubo nasjeckanog

2 žlice svježeg korijandera, grubo nasjeckanog

2 šalice juhe od povrća

14 unci konzerviranog slanutka, ocijeđenog

Košer sol i mljeveni crni papar, po ukusu

1/2 žličice kajenskog papra

1 žličica paprike

1 avokado, oguljen i narezan na ploške

smjer

U loncu s debelim dnom zagrijte maslinovo ulje na srednje jakoj vatri. Kad se zagrije, pirjajte luk, papriku i glavicu kopra oko 4 minute.

Pirjajte češnjak oko 1 minutu ili dok ne zamiriše.

Dodajte rajčice, svježe začinsko bilje, juhu, slanutak, sol, crni papar, crvenu papriku i papriku. Kuhajte uz povremeno miješanje oko 20 minuta ili dok ne skuha.

Kušajte i prilagodite začine. Poslužite ukrašeno svježim kriškama avokada. Uživajte u jelu!

Ljuti umak od graha

(Spremno za oko 30 minuta | Za 10 porcija)

Po porciji: Kalorije: 175; Masti: 4,7 g; Ugljikohidrati: 24,9 g; Bjelančevine: 8,8 g

Sastojci

2 limenke (15 unci) boba, ocijeđene

2 žlice maslinovog ulja

2 žlice Sriracha umaka

2 žlice prehrambenog kvasca

4 unce veganskog krem sira

1/2 žličice paprike

1/2 žličice kajenskog papra

1/2 žličice mljevenog kima

Morska sol i mljeveni crni papar, po ukusu

4 unce tortilja čipsa

smjer

Počnite tako da prethodno zagrijete pećnicu na 360 stupnjeva F.

Promiješajte sve sastojke osim tortilja čipsa u procesoru dok ne postignete željenu konzistenciju.

Pecite umak u prethodno zagrijanoj pećnici oko 25 minuta ili dok se ne zagrije.

Poslužite s tortilja čipsom i uživajte!

Salata od soje na kineski način

(Spremno za oko 10 minuta | Za 4 osobe)

Po porciji: Kalorije: 265; Masti: 13,7 g; Ugljikohidrati: 21 g; Bjelančevine: 18 g

Sastojci

1 (15 unci) limenka sojinih zrna, ocijeđena

1 šalica rikule

1 šalica mladog špinata

1 šalica kelja, nasjeckanog

1 luk narezan na tanke ploške

1/2 žličice češnjaka, mljevenog

1 žličica đumbira, mljevenog

1/2 žličice delikatesnog senfa

2 žlice soja umaka

1 žlica rižinog octa

1 žlica soka od limuna

2 žlice tahinija

1 žličica agavinog sirupa

smjer

Stavite soju, rikulu, špinat, kupus i luk u zdjelu za salatu; baciti za kombiniranje.

U maloj zdjeli za miješanje pomiješajte preostale sastojke za umak.

Začinite salatu i odmah poslužite. Uživajte u jelu!

Staromodni varivo od leće i povrća

(Spremno za oko 25 minuta | Za 5 osoba)

Po porciji: Kalorije: 475; Masti: 17,3 g; Ugljikohidrati: 61,4 g; Bjelančevine: 23,7 g

Sastojci

3 žlice maslinovog ulja

1 veliki luk, nasjeckan

1 mrkva, narezana na ploške

1 paprika, narezana na kockice

1 habanero paprika, mljevena

3 češnja češnjaka, mljevena

Košer sol i crni papar, po ukusu

1 žličica mljevenog kima

1 žličica dimljene paprike

1 (28 unci) konzerva zgnječenih rajčica

2 žlice kečapa od rajčice

4 šalice juhe od povrća

3/4 funte suhe crvene leće, namočene preko noći i ocijeđene

1 avokado, narezan

smjer

U loncu s debelim dnom zagrijte maslinovo ulje na srednje jakoj vatri. Kad se zagrije, pirjajte luk, mrkvu i papriku oko 4 minute.

Pirjajte češnjak oko 1 minutu ili tako nešto.

Dodajte začine, rajčice, kečap, juhu i leću iz konzerve. Kuhajte uz povremeno miješanje oko 20 minuta ili dok ne skuha.

Poslužite ukrašeno kriškama avokada. Uživajte u jelu!

Indijska Chana Masala

(Spremno za oko 15 minuta | Za 4 osobe)

Po porciji: Kalorije: 305; Masti: 17,1 g; Ugljikohidrati: 30,1 g; Bjelančevine: 9,4 g

Sastojci

1 šalica rajčice, pasirane

1 kašmirski čili, mljeveni

1 veliki luk, narezan na ploške

1 žličica svježeg đumbira, oguljenog i naribanog

4 žlice maslinovog ulja

2 češnja češnjaka, mljevena

1 žličica sjemenki korijandera

1 žličica garam masale

1/2 žličice kurkume u prahu

Morska sol i mljeveni crni papar, po ukusu

1/2 šalice juhe od povrća

16 unci konzerviranog slanutka

1 žlica svježeg soka od limuna

smjer

U svom blenderu ili procesoru hrane izmiksajte rajčice, kašmirski čili, luk i đumbir u pastu.

Zagrijte maslinovo ulje u loncu na srednje jakoj vatri. Nakon što se zagrije, kuhajte pripremljenu pastu i češnjak oko 2 minute.

Dodajte preostale začine, juhu i slanutak. Uključite vatru da zavrije. Nastavite pirjati još 8 minuta ili dok ne bude kuhano.

Maknite s vatre. Pokapajte svježi sok od limete preko svake porcije. Uživajte u jelu!

Pašteta od crvenog graha

(Spremno za oko 10 minuta | Za 8 obroka)

Po porciji: Kalorije: 135; Masti: 12,1 g; Ugljikohidrati: 4,4 g; Bjelančevine: 1,6 g

Sastojci

2 žlice maslinovog ulja

1 glavica luka nasjeckana

1 paprika, mljevena

2 češnja češnjaka, mljevena

2 šalice crvenog graha, kuhanog i ocijeđenog

1/4 šalice maslinovog ulja

1 žličica senfa mljevenog u kamenu

2 žlice svježeg peršina, nasjeckanog

2 žlice svježeg bosiljka, nasjeckanog

Morska sol i mljeveni crni papar, po ukusu

smjer

U loncu zagrijte maslinovo ulje na srednje jakoj vatri. Sada kuhajte luk, papriku i češnjak dok ne omekšaju ili oko 3 minute.

Dodajte smeđu smjesu u svoj blender; dodajte preostale sastojke. Pasirajte sastojke u blenderu ili procesoru hrane dok ne postanu glatki i kremasti.

Uživajte u jelu!

Zdjela smeđe leće

(Spremno za oko 20 minuta + vrijeme hlađenja | Za 4 osobe)

Po porciji: Kalorije: 452; Masti: 16,6 g; Ugljikohidrati: 61,7 g; Bjelančevine: 16,4 g

Sastojci

1 šalica smeđe leće, namočene preko noći i ocijeđene

3 čaše vode

2 šalice smeđe riže, kuhane

1 tikvica, narezana na kockice

1 glavica crvenog luka nasjeckana

1 žličica češnjaka, mljevenog

1 narezani krastavac

1 paprika, narezana na ploške

4 žlice maslinovog ulja

1 žlica rižinog octa

2 žlice soka od limuna

2 žlice soja umaka

1/2 žličice sušenog origana

1/2 žličice mljevenog kima

Morska sol i mljeveni crni papar, po ukusu

2 šalice rikule

2 šalice zelene salate Romaine, nasjeckane

smjer

Dodajte smeđu leću i vodu u lonac i pustite da zavrije na jakoj vatri. Zatim smanjite vatru i nastavite kuhati 20 minuta ili dok ne omekša.

Stavite leću u zdjelu za salatu i pustite da se potpuno ohladi.

Dodajte preostale sastojke i promiješajte da se dobro sjedine. Poslužite na sobnoj temperaturi ili dobro ohlađeno. Uživajte u jelu!

Ljuta i začinjena Anasazi juha od graha

(Spremno za oko 1 sat i 10 minuta | srpski 5)

Po porciji: Kalorije: 352; Masti: 8,5 g; Ugljikohidrati: 50,1 g; Bjelančevine: 19,7 g

Sastojci

2 šalice Anasazi graha, namočenog preko noći, ocijeđenog i ispranog

8 čaša vode

2 lista lovora

3 žlice maslinovog ulja

2 srednje glavice luka, nasjeckane

2 paprike babure, nasjeckane

1 habanero paprika, mljevena

3 češnja češnjaka, zgnječena ili mljevena

Morska sol i mljeveni crni papar, po ukusu

smjer

U lonac za juhu stavite kuhati Anasazi grah i vodu. Nakon što zavrije, smanjite vatru na nisku. Dodajte lovorov list i kuhajte oko 1 sat ili dok ne omekša.

U međuvremenu, u loncu s debelim dnom zagrijte maslinovo ulje na srednje jakoj vatri. Sada pirjajte luk, papriku i češnjak oko 4 minute dok ne omekšaju.

Skuhanu smjesu dodajte u kuhani grah. Začinite solju i crnim paprom.

Nastavite pirjati uz povremeno miješanje još 10 minuta ili dok sve ne bude kuhano. Uživajte u jelu!

Crnooka salata od graška (Ñebbe)

(Spremno za oko 1 sat | srpski 5)

Po porciji: Kalorije: 471; Masti: 17,5 g; Ugljikohidrati: 61,5 g; Bjelančevine: 20,6 g

Sastojci

2 šalice sušenog zelenog graška, namočenog preko noći i ocijeđenog

2 žlice nasjeckanog lišća bosiljka

2 žlice nasjeckanog peršinovog lišća

1 glavica luka nasjeckana

1 narezani krastavac

2 paprike babure, orezane i narezane na kockice

1 škotska paprika, očišćena od sjemenki i sitno nasjeckana

1 šalica cherry rajčica, narezana na četvrtine

Morska sol i mljeveni crni papar, po ukusu

2 žlice svježeg soka od limuna

1 žlica jabučnog octa

1/4 šalice ekstra djevičanskog maslinovog ulja

1 avokado, oguljen, očišćen od koštice i narezan na ploške

smjer

Prekrijte crnooki grašak vodom za 2 inča i pustite da lagano prokuha. Pustite da kuha oko 15 minuta.

Zatim stavite vatru na vatru oko 45 minuta. Pustiti da se potpuno ohladi.

Stavite crnooki grašak u zdjelu za salatu. Dodajte bosiljak, peršin, luk, krastavac, papriku, cherry rajčicu, sol i crni papar.

U posudi pomiješajte limunov sok, ocat i maslinovo ulje.

Začinite salatu, ukrasite svježim avokadom i odmah poslužite. Uživajte u jelu!

Mamin poznati čili

(Spremno za oko 1 sat i 30 minuta | srpski 5)

Po porciji: Kalorije: 455; Masti: 10,5 g; Ugljikohidrati: 68,6 g; Bjelančevine: 24,7 g

Sastojci

1 funta crvenog crnog graha, namočenog preko noći i ocijeđenog

3 žlice maslinovog ulja

1 veliki crveni luk, narezan na kockice

2 paprike babure, narezane na kockice

1 poblano paprika, mljevena

1 veća mrkva, oguljena i narezana na kockice

2 češnja češnjaka, mljevena

2 lista lovora

1 žličica miješanog papra u zrnu

Košer sol i kajenski papar, po ukusu

1 žlica paprike

2 zrele rajčice, pasirane

2 žlice kečapa od rajčice

3 šalice juhe od povrća

smjer

Namočeni grah prelijte svježom hladnom vodom i prokuhajte. Pustite da kuha oko 10 minuta. Smanjite vatru i nastavite kuhati 50 do 55 minuta ili dok ne omekša.

U loncu s debelim dnom zagrijte maslinovo ulje na srednje jakoj vatri. Nakon što se zagrije propirjajte luk, papriku i mrkvu.

Pirjajte češnjak oko 30 sekundi ili dok ne zamiriše.

Dodajte preostale sastojke zajedno s kuhanim grahom. Kuhajte uz povremeno miješanje 25 do 30 minuta ili dok ne skuha.

Odbacite listove lovora, razlijte u pojedinačne zdjelice i poslužite vruće!

Salata od pečenog slanutka s pinjolima

(Spremno za oko 10 minuta | Za 4 osobe)

Po porciji: Kalorije: 386; Masti: 22,5 g; Ugljikohidrati: 37,2 g; Bjelančevine: 12,9 g

Sastojci

16 unci konzerviranog slanutka, ocijeđenog

1 žličica češnjaka, mljevenog

1 glavica luka nasjeckana

1 šalica cherry rajčica, prepolovljenih

1 paprika, obrezana i narezana

1/4 šalice svježeg bosiljka, nasjeckanog

1/4 šalice svježeg peršina, nasjeckanog

1/2 šalice veganske majoneze

1 žlica soka od limuna

1 žličica kapara, ocijeđenih

Morska sol i mljeveni crni papar, po ukusu

2 unce pinjola

smjer

Stavite slanutak, povrće i začinsko bilje u zdjelu za salatu.

Dodajte majonezu, limunov sok, kapare, sol i crni papar. Promiješajte da se sjedini.

Pospite pinjolima i odmah poslužite. Uživajte u jelu!

Buddha zdjela od crnog graha

(Spremno za oko 1 sat | Za 4 osobe)

Po porciji: Kalorije: 365; Masti: 14,1 g; Ugljikohidrati: 45,6 g; Bjelančevine: 15,5 g

Sastojci

1/2 funte crnog graha, namočenog preko noći i ocijeđenog

2 šalice smeđe riže, kuhane

1 srednji luk, narezan na tanke ploške

1 šalica paprike, obrezane i narezane na ploške

1 jalapeno papričica, obrezana i narezana

2 češnja češnjaka, mljevena

1 šalica rikule

1 šalica mladog špinata

1 žličica kore limete

1 žlica Dijon senfa

1/4 šalice crvenog vinskog octa

1/4 šalice ekstra djevičanskog maslinovog ulja

2 žlice agavinog sirupa

Mljevena morska sol i mljeveni crni papar, po ukusu

1/4 šalice svježeg talijanskog peršina, grubo nasjeckanog

smjer

Namočeni grah prelijte svježom hladnom vodom i prokuhajte. Pustite da kuha oko 10 minuta. Smanjite vatru i nastavite kuhati 50 do 55 minuta ili dok ne omekša.

Za posluživanje podijelite grah i rižu u zdjelice za posluživanje; nadjenite povrćem.

U maloj zdjeli za miješanje temeljito pomiješajte koricu limuna, senf, ocat, maslinovo ulje, agavin sirup, sol i papar. Prelijte vinaigrette preko salate.

Ukrasite svježim talijanskim peršinom. Uživajte u jelu!

Bliskoistočni gulaš od slanutka

(Spremno za oko 20 minuta | 4 porcije)

Po porciji: Kalorije: 305; Masti: 11,2 g; Ugljikohidrati: 38,6 g; Bjelančevine: 12,7 g

Sastojci

1 glavica luka nasjeckana

1 čili papričica, nasjeckana

2 češnja češnjaka nasjeckana

1 žličica sjemena gorušice

1 žličica sjemenki korijandera

1 list lovora

1/2 šalice pirea od rajčice

2 žlice maslinovog ulja

1 list celera, nasjeckan

2 srednje mrkve, narezane na ploške i kockice

2 šalice juhe od povrća

1 žličica mljevenog kima

1 mali štapić cimeta

16 unci konzerviranog slanutka, ocijeđenog

2 šalice nasjeckane blitve

smjer

U blenderu ili procesoru hrane izmiksajte luk, čili, češnjak, sjemenke gorušice, sjemenke korijandera, lovor i pire od rajčice u pastu.

U loncu zagrijte maslinovo ulje dok ne zavrije. Sada kuhajte celer i mrkvu oko 3 minute ili dok ne omekšaju. Dodajte tjestenini i nastavite kuhati još 2 minute.

Zatim dodajte povrtni temeljac, kumin, cimet i vlasac; lagano prokuhajte.

Pojačajte vatru i ostavite da lagano kuha 6 minuta; ubacite blitvu i nastavite kuhati još 4 do 5 minuta ili dok lišće ne uvene. Poslužite vruće i uživajte!

Umak od leće i rajčice

(Spremno za oko 10 minuta | Za 8 obroka)

Po porciji: Kalorije: 144; Masti: 4,5 g; Ugljikohidrati: 20,2 g; Bjelančevine: 8,1 g

Sastojci

16 unci leće, kuhane i ocijeđene

4 žlice sušenih rajčica nasjeckanih

1 šalica paste od rajčice

4 žlice tahinija

1 žličica senfa mljevenog u kamenu

1 žličica mljevenog kima

1/4 žličice mljevenog lista lovora

1 žličica pahuljica crvene paprike

Morska sol i mljeveni crni papar, po ukusu

smjer

Pomiješajte sve sastojke u blenderu ili procesoru hrane dok ne postignete željenu konzistenciju.

Stavite u hladnjak do posluživanja.

Poslužite s prepečenim pita kriškama ili štapićima povrća. Uživati!

Salata od zelenog graška s vrhnjem

(Spremno za oko 10 minuta + vrijeme hlađenja | srpski 6)

Po porciji: Kalorije: 154; Masti: 6,7 g; Ugljikohidrati: 17,3 g; Bjelančevine: 6,9 g

Sastojci

2 (14,5 unce) limenke zelenog graška, ocijeđene

1/2 šalice veganske majoneze

1 žličica Dijon senfa

2 žlice luka, nasjeckanog

2 kisela krastavca nasjeckana

1/2 šalice mariniranih gljiva, nasjeckanih i ocijeđenih

1/2 žličice češnjaka, mljevenog

Morska sol i mljeveni crni papar, po ukusu

smjer

Stavite sve sastojke u zdjelu za salatu. Lagano izmiješajte da se sjedini.

Ohladite salatu do posluživanja.

Uživajte u jelu!

Bliskoistočni za'atar humus

(Spremno za oko 10 minuta | Za 8 obroka)

Po porciji: Kalorije: 140; Masti: 8,5 g; Ugljikohidrati: 12,4 g; Bjelančevine: 4,6 g

Sastojci

10 unci slanutka, kuhanog i ocijeđenog

1/4 šalice tahinija

2 žlice ekstra djevičanskog maslinovog ulja

2 žlice sušenih rajčica nasjeckanih

1 svježe iscijeđen limun

2 češnja češnjaka, mljevena

Košer sol i mljeveni crni papar, po ukusu

1/2 žličice dimljene paprike

1 čajna žličica Za'atara

smjer

Pomiješajte sve sastojke u multipraktiku dok ne postanu kremasti i glatki.

Stavite u hladnjak do posluživanja.

Uživajte u jelu!

Salata od leće s pinjolima

(Spremno za oko 20 minuta + vrijeme hlađenja | srpski 3)

Po porciji: Kalorije: 332; Masti: 19,7 g; Ugljikohidrati: 28,2 g; Bjelančevine: 12,2 g

Sastojci

1/2 šalice smeđe leće

1 ½ šalice juhe od povrća

1 mrkva narezana na šibice

1 manja glavica luka nasjeckana

1 narezani krastavac

2 češnja češnjaka, mljevena

3 žlice ekstra djevičanskog maslinovog ulja

1 žlica crnog vinskog octa

2 žlice soka od limuna

2 žlice nasjeckanog bosiljka

2 žlice nasjeckanog peršina

2 žlice nasjeckanog slanutka

Morska sol i mljeveni crni papar, po ukusu

2 žlice pinjola, grubo nasjeckanih

smjer

Dodajte smeđu leću i temeljac od povrća u lonac i pustite da zavrije na jakoj vatri. Zatim smanjite vatru i nastavite kuhati 20 minuta ili dok ne omekša.

Stavite leću u zdjelu za salatu.

Dodajte povrće i promiješajte da se dobro sjedini. U zdjeli pomiješajte ulje, ocat, limunov sok, bosiljak, peršin, vlasac, sol i crni papar.

Začinite salatu, ukrasite pinjolima i poslužite na sobnoj temperaturi. Uživajte u jelu!

Vruća salata od graha Anasazi

(Spremno za oko 1 sat | srpski 5)

Po porciji: Kalorije: 482; Masti: 23,1 g; Ugljikohidrati: 54,2 g; Bjelančevine: 17,2 g

Sastojci

2 šalice Anasazi graha, namočenog preko noći, ocijeđenog i ispranog

6 čaša vode

1 poblano paprika, mljevena

1 glavica luka nasjeckana

1 šalica cherry rajčica, prepolovljenih

2 šalice miješanog povrća, komadići tune

Odjeća:

1 žličica češnjaka, mljevenog

1/2 šalice ekstra djevičanskog maslinovog ulja

1 žlica soka od limuna

2 žlice crvenog vinskog octa

1 žlica senfa samljevenog u kamenu

1 žlica soja umaka

1/2 žličice sušenog origana

1/2 žličice sušenog bosiljka

Morska sol i mljeveni crni papar, po ukusu

smjer

U lonac stavite Anasazi grah i vodu da prokuha. Nakon što zavrije, smanjite vatru na nisku i kuhajte oko 1 sat ili dok ne omekša.

Kuhani grah ocijedite i stavite u zdjelu za salatu; dodati ostale sastojke salate.

Zatim u maloj zdjeli za miješanje pomiješajte sve sastojke za preljev dok se dobro ne izmiješaju. Začinite salatu i promiješajte. Poslužite na sobnoj temperaturi i uživajte!

Tradicionalni gulaš Mnazaleh

(Spremno za oko 25 minuta | 4 porcije)

Po porciji: Kalorije: 439; Masti: 24 g; Ugljikohidrati: 44,9 g; Bjelančevine: 13,5 g

Sastojci

4 žlice maslinovog ulja

1 glavica luka nasjeckana

1 veći patlidžan, oguljen i narezan na kockice

1 šalica mrkve, nasjeckane

2 češnja češnjaka, mljevena

2 velike rajčice, pasirane

1 žličica začina Začini

2 šalice juhe od povrća

14 unci konzerviranog slanutka, ocijeđenog

Košer sol i mljeveni crni papar, po ukusu

1 srednji avokado, bez koštice, oguljen i narezan na ploške

smjer

U loncu s debelim dnom zagrijte maslinovo ulje na srednje jakoj vatri. Kad se zagrije, pirjajte luk, patlidžan i mrkvu oko 4 minute.

Pirjajte češnjak oko 1 minutu ili dok ne zamiriše.

Dodajte rajčice, začine, juhu i slanutak iz konzerve. Kuhajte uz povremeno miješanje oko 20 minuta ili dok ne skuha.

Posolite i popaprite. Poslužite ukrašeno kriškama svježeg avokada. Uživajte u jelu!

Papreni namaz od crvene leće

(Spremno za oko 25 minuta | 9 porcija)

Po porciji: Kalorije: 193; Masti: 8,5 g; Ugljikohidrati: 22,3 g; Bjelančevine: 8,5 g

Sastojci

1 ½ šalice crvene leće, namočene preko noći i ocijeđene

4 i pol čaše vode

1 grančica ružmarina

2 lista lovora

2 pečene paprike orezane i narezane na kockice

1 glavica luka nasjeckana

2 češnja češnjaka, mljevena

1/4 šalice maslinovog ulja

2 žlice tahinija

Morska sol i mljeveni crni papar, po ukusu

smjer

Dodajte crvenu leću, vodu, ružmarin i lovor u lonac i pustite da zavrije na jakoj vatri. Zatim smanjite vatru i nastavite kuhati 20 minuta ili dok ne omekša.

Stavite leću u multipraktik.

Dodajte preostale sastojke i obradite dok se sve dobro ne sjedini.

Uživajte u jelu!

Začinjeni snježni grašak pržen u woku

(Spremno za oko 10 minuta | Za 4 osobe)

Po porciji: Kalorije: 196; Masti: 8,7 g; Ugljikohidrati: 23 g; Bjelančevine: 7,3 g

Sastojci

2 žlice sezamovog ulja

1 glavica luka nasjeckana

1 mrkva, oguljena i narezana na kockice

1 žličica paste od đumbira i češnjaka

1 funta snježnog graška

Sečuanski papar, po ukusu

1 žličica Sriracha umaka

2 žlice soja umaka

1 žlica rižinog octa

smjer

Zagrijte sezamovo ulje u woku dok ne zavrije. Sada pržite luk i mrkvu 2 minute ili dok ne omekšaju.

Dodajte u pastu od đumbira i češnjaka i nastavite kuhati još 30 sekundi.

Dodajte snježni grašak i pržite na jakoj vatri oko 3 minute dok lagano ne pougljeni.

Zatim umiješajte papar, Srirachu, sojin umak i rižin ocat i pržite još 1 minutu. Poslužite odmah i uživajte!

dnevni brzi plamenik

(Spremno za oko 35 minuta | Za 5 osoba)

Po porciji: Kalorije: 345; Masti: 8,7 g; Ugljikohidrati: 54,5 g; Bjelančevine: 15,2 g

Sastojci

2 žlice maslinovog ulja

1 veliki luk, nasjeckan

1 list celera, orezan i narezan na kockice

1 mrkva, oguljena i narezana na kockice

1 slatki krumpir, oguljen i narezan na kockice

3 češnja češnjaka, mljevena

1 jalapeno paprika, mljevena

1 žličica kajenskog papra

1 žličica sjemenki korijandera

1 žličica sjemenki komorača

1 žličica paprike

2 šalice kuhane rajčice, zdrobljene

2 žlice kečapa od rajčice

2 žličice granula veganskog bujona

1 čaša vode

1 šalica krem juhe od luka

2 funte konzerviranog pinto graha, ocijeđenog

1 limeta, narezana na ploške

smjer

U loncu s debelim dnom zagrijte maslinovo ulje na srednje jakoj vatri. Kad se zagrije, pirjajte luk, celer, mrkvu i batat oko 4 minute.

Pirjajte češnjak i jalapeno papričicu otprilike 1 minutu.

Dodajte začine, rajčice, kečap, veganske kocke bujona, vodu, krem juhu od luka i grah iz konzerve. Kuhajte uz povremeno miješanje oko 30 minuta ili dok ne skuha.

Poslužite ukrašeno kriškama limuna. Uživajte u jelu!

Crnooka salata od graška

(Spremno za oko 1 sat | srpski 5)

Po porciji: Kalorije: 325; Masti: 8,6 g; Ugljikohidrati: 48,2 g; Bjelančevine: 17,2 g

Sastojci

1 ½ šalice crnookog graška, namočenog preko noći i ocijeđenog

4 stabljike luka narezane na ploške

1 mrkva, naribana

1 šalica kelja, nasjeckanog

2 paprike babure, orezane i mljevene

2 srednje rajčice, narezane na kockice

1 žlica sušenih rajčica nasjeckanih

1 žličica češnjaka, mljevenog

1/2 šalice veganske majoneze

1 žlica soka od limuna

1/4 šalice bijelog vinskog octa

Morska sol i mljeveni crni papar, po ukusu

smjer

Prekrijte crnooki grašak vodom za 2 inča i pustite da lagano prokuha. Pustite da kuha oko 15 minuta.

Zatim stavite vatru na vatru oko 45 minuta. Pustiti da se potpuno ohladi.

Stavite crnooki grašak u zdjelu za salatu. Dodajte preostale sastojke i miješajte dok se dobro ne sjedine. Uživajte u jelu!

Avokado punjen slanutkom

(Spremno za oko 10 minuta | Za 4 osobe)

Po porciji: Kalorije: 205; Masti: 15,2 g; Ugljikohidrati: 16,8 g; Bjelančevine: 4,1 g

Sastojci

2 avokada, bez koštice i prepolovljena

1/2 limuna, svježe iscijeđenog

4 žlice luka, nasjeckanog

1 režanj češnjaka, samljeven

1 srednja rajčica, nasjeckana

1 paprika, očišćena od sjemenki i nasjeckana

1 crvena čili papričica, izrezana i mljevena

2 unce slanutka, kuhanog ili kuhanog, ocijeđenog

Košer sol i mljeveni crni papar, po ukusu

smjer

Stavite avokado na tanjur za posluživanje. Svaki avokado prelijte sokom od limuna.

U zdjeli lagano pomiješajte preostale sastojke za punjenje dok se dobro ne sjedine.

Pripremljenom smjesom napunite avokado i odmah poslužite. Uživajte u jelu!

Juha od crnog graha

(Spremno za oko 1 sat i 50 minuta | Za 4 osobe)

Po porciji: Kalorije: 505; Masti: 11,6 g; Ugljikohidrati: 80,3 g; Bjelančevine: 23,2 g

Sastojci

2 šalice crnog graha, namočenog preko noći i ocijeđenog

1 grančica majčine dušice

2 žlice kokosovog ulja

2 glavice luka nasjeckane

1 stabljika celera, nasjeckana

1 oguljena i narezana mrkva

1 talijanska paprika, izrezana i mljevena

1 čili papričica, obrezana i narezana

4 češnja češnjaka, zgnječena ili mljevena

Morska sol i svježe mljeveni crni papar, po ukusu

1/2 žličice mljevenog kima

1/4 žličice mljevenog lista lovora

1/4 žličice mljevenog papra

1/2 žličice sušenog bosiljka

4 šalice juhe od povrća

1/4 šalice svježeg cilantra, nasjeckanog

2 unce tortilja čipsa

smjer

U loncu za juhu zakuhajte grah i 6 šalica vode. Nakon što zavrije, smanjite vatru na nisku. Dodajte grančicu majčine dušice i kuhajte oko 1 sat i 30 minuta ili dok ne omekša.

U međuvremenu, u loncu s debelim dnom zagrijte ulje na srednje jakoj vatri. Sada pirjajte luk, celer, mrkvu i papriku oko 4 minute dok ne omekšaju.

Zatim pirjajte češnjak oko 1 minutu ili dok ne zamiriše.

Skuhanu smjesu dodajte u kuhani grah. Zatim dodajte sol, crni papar, kumin, mljeveni lovorov list, mljevenu papriku, sušeni bosiljak i povrtni temeljac.

Nastavite pirjati uz povremeno miješanje još 15 minuta ili dok sve ne bude kuhano.

Ukrasite svježim cilantrom i tortilja čipsom. Uživajte u jelu!

Salata od beluga leće sa začinskim biljem

(Spremno za oko 20 minuta + vrijeme hlađenja | Za 4 osobe)

Po porciji: Kalorije: 364; Masti: 17 g; Ugljikohidrati: 40,2 g; Bjelančevine: 13,3 g

Sastojci

1 šalica crvene leće

3 čaše vode

1 šalica grožđanih rajčica, prepolovljenih

1 zelena paprika, obrezana i narezana na kockice

1 crvena paprika, orezana i narezana na kockice

1 crvena čili papričica, obrezana i narezana na kockice

1 narezani krastavac

4 žlice luka, nasjeckanog

2 žlice svježeg peršina, grubo nasjeckanog

2 žlice svježeg cilantra, grubo nasjeckanog

2 žlice svježeg vlasca, grubo nasjeckanog

2 žlice svježeg bosiljka, grubo nasjeckanog

1/4 šalice maslinovog ulja

1/2 žličice sjemenki kumina

1/2 žličice đumbira, mljevenog

1/2 žličice češnjaka, mljevenog

1 žličica agavinog sirupa

2 žlice svježeg soka od limuna

1 žličica limunove kore

Morska sol i mljeveni crni papar, po ukusu

2 unce crnih maslina, bez koštica i prepolovljenih

smjer

Dodajte smeđu leću i vodu u lonac i pustite da zavrije na jakoj vatri. Zatim smanjite vatru i nastavite kuhati 20 minuta ili dok ne omekša.

Stavite leću u zdjelu za salatu.

Dodajte povrće i začinsko bilje i promiješajte da se dobro sjedini. U zdjeli pomiješajte ulje, sjemenke kumina, đumbir, češnjak, agavin sirup, limunov sok, limunovu koricu, sol i crni papar.

Začinite salatu, ukrasite maslinama i poslužite na sobnoj temperaturi. Uživajte u jelu!

Talijanska salata od graha

(Spremno za oko 1 sat + vrijeme hlađenja | Za 4 osobe)

Po porciji: Kalorije: 495; Masti: 21,1 g; Ugljikohidrati: 58,4 g; Bjelančevine: 22,1 g

Sastojci

3/4 funte cannellini graha, namočenog preko noći i ocijeđenog

2 šalice cvjetače

1 glavica crvenog luka, sitno narezana

1 žličica češnjaka, mljevenog

1/2 žličice đumbira, mljevenog

1 jalapeno paprika, mljevena

1 šalica grožđanih rajčica, narezana na četvrtine

1/3 šalice ekstra djevičanskog maslinovog ulja

1 žlica soka od limuna

1 žličica Dijon senfa

1/4 šalice bijelog octa

2 češnja češnjaka, zgnječena

1 žličica mješavine talijanskog bilja

Košer sol i mljeveni crni papar, po ukusu

2 unce zelenih maslina, bez koštica i narezanih na ploške

smjer

Namočeni grah prelijte svježom hladnom vodom i prokuhajte. Pustite da kuha oko 10 minuta. Pojačajte vatru i nastavite kuhati 60 minuta ili dok ne omekša.

U međuvremenu kuhajte cvjetaču oko 6 minuta ili dok ne omekša.

Ostavite grah i cvjetaču da se potpuno ohlade; zatim ih prebacite u zdjelu za salatu.

Dodajte preostale sastojke i promiješajte da se dobro sjedine. Kušajte i prilagodite začine.

Uživajte u jelu!

Rajčice punjene bijelim grahom

(Spremno za oko 10 minuta | Za 3 osobe)

Po porciji: Kalorije: 245; Masti: 14,9 g; Ugljikohidrati: 24,4 g; Bjelančevine: 5,1 g

Sastojci

3 srednje rajčice, izrezati tanku krišku s vrha i ukloniti pulpu

1 mrkva, naribana

1 glavica crvenog luka nasjeckana

1 režanj češnjaka, oguljen

1/2 žličice sušenog bosiljka

1/2 žličice sušenog origana

1 žličica sušenog ružmarina

3 žlice maslinovog ulja

3 unce konzerviranog bijelog graha, ocijeđenog

3 unce zrna kukuruza šećerca, odmrznuta

1/2 šalice tortilja čipsa, izmrvljenog

smjer

Stavite svoje rajčice na tanjur za posluživanje.

U posudi pomiješajte preostale sastojke za nadjev dok se sve dobro ne sjedini.

Napunite avokado i poslužite odmah. Uživajte u jelu!

Zimska juha od crnog graška

(Spremno za oko 1 sat i 5 minuta | Za 5 osoba)

Po porciji: Kalorije: 147; Masti: 6 g; Ugljikohidrati: 13,5 g; Bjelančevine: 7,5 g

Sastojci

2 žlice maslinovog ulja

1 glavica luka nasjeckana

1 mrkva, narezana na ploške

1 peršin, nasjeckan

1 šalica nasjeckanih lukovica komorača

2 češnja češnjaka, mljevena

2 šalice sušenog crnookog graška, namočenog preko noći

5 šalica juhe od povrća

Košer sol i svježe mljeveni crni papar, po ukusu

smjer

U holandskoj pećnici zagrijte maslinovo ulje na srednje jakoj vatri. Kad se zagrije, pirjajte luk, mrkvu, peršin i kopar 3 minute ili dok ne omekšaju.

Dodajte češnjak i nastavite pržiti 30 sekundi ili dok ne zamiriše.

Dodajte u grašak, povrtni temeljac, sol i crni papar. Nastavite kuhati, djelomično poklopljeno, još 1 sat ili dok ne bude kuhano.

Uživajte u jelu!

Rezanci od crvenog graha

(Spremno za oko 15 minuta | Za 4 osobe)

Po porciji: Kalorije: 318; Masti: 15,1 g; Ugljikohidrati: 36,5 g; Bjelančevine: 10,9 g

Sastojci

12 unci konzerviranog ili kuhanog crvenog graha, ocijeđenog

1/3 šalice starinskih zobenih pahuljica

1/4 šalice višenamjenskog brašna

1 žličica praška za pecivo

1 manja glavica luka nasjeckana

2 češnja češnjaka, mljevena

Morska sol i mljeveni crni papar, po ukusu

1 žličica paprike

1/2 žličice čilija u prahu

1/2 žličice mljevenog lista lovora

1/2 žličice mljevenog kima

1 chia jaje

4 žlice maslinovog ulja

smjer

Stavite grah u zdjelu i zgnječite ga vilicom.

Dobro pomiješajte grah, zob, brašno, prašak za pecivo, luk, češnjak, sol, crni papar, papriku, čili u prahu, lovor, kumin i chia jaje.

Od smjese oblikujte četiri pljeskavice.

Zatim zagrijte maslinovo ulje u tavi na srednje jakoj vatri. Okruglice pržite oko 8 minuta uz okretanje jednom ili dva puta.

Poslužite s omiljenim dodacima. Uživajte u jelu!

Domaće pljeskavice od graška

(Spremno za oko 15 minuta | Za 4 osobe)

Po porciji: Kalorije: 467; Masti: 19,1 g; Ugljikohidrati: 58,5 g; Bjelančevine: 15,8 g

Sastojci

1 funta zelenog graška, smrznutog i odmrznutog

1/2 šalice brašna od slanutka

1/2 šalice glatkog brašna

1/2 šalice krušnih mrvica

1 žličica praška za pecivo

2 lanena jaja

1 žličica paprike

1/2 žličice sušenog bosiljka

1/2 žličice sušenog origana

Morska sol i mljeveni crni papar, po ukusu

4 žlice maslinovog ulja

4 peciva za hamburger

smjer

U zdjeli dobro pomiješajte zeleni grašak, brašno, krušne mrvice, prašak za pecivo, lanena jaja, papriku, bosiljak, origano, sol i crni papar.

Od smjese oblikujte četiri pljeskavice.

Zatim zagrijte maslinovo ulje u tavi na srednje jakoj vatri. Okruglice pržite oko 8 minuta uz okretanje jednom ili dva puta.

Poslužite na burger lepinji i uživajte!

Varivo s crnim grahom i špinatom

(Spremno za oko 1 sat i 35 minuta | 4 porcije)

Po porciji: Kalorije: 459; Masti: 9,1 g; Ugljikohidrati: 72 g; Bjelančevine: 25,4 g

Sastojci

2 šalice crnog graha, namočenog preko noći i ocijeđenog

2 žlice maslinovog ulja

1 glavica luka, oguljena, prepolovljena

1 jalapeno papričica, narezana na ploške

2 paprike, obrezane i narezane

1 šalica šampinjona, narezanih na ploške

2 češnja češnjaka nasjeckana

2 šalice juhe od povrća

1 žličica paprike

Košer sol i mljeveni crni papar, po ukusu

1 list lovora

2 šalice nasjeckanog špinata

smjer

Namočeni grah prelijte svježom hladnom vodom i prokuhajte. Pustite da kuha oko 10 minuta. Smanjite vatru i nastavite kuhati 50 do 55 minuta ili dok ne omekša.

U loncu s debelim dnom zagrijte maslinovo ulje na srednje jakoj vatri. Kad se zagrije, pirjajte luk i papriku oko 3 minute.

Pirjajte češnjak i gljive otprilike 3 minute ili dok gljive ne puste sok i dok češnjak ne zamiriše.

Dodajte povrtni temeljac, papriku, sol, crni papar, lovorov list i kuhani grah. Kuhajte uz povremeno miješanje oko 25 minuta ili dok ne skuha.

Zatim dodajte špinat i pustite da se poklopljeno krčka oko 5 minuta. Uživajte u jelu!

Klasični umak za roštilj

(Spremno za oko 5 minuta | Za 20 obroka)

Po porciji: Kalorije: 36; Masti: 0,3 g; Ugljikohidrati: 8,6 g; Bjelančevine: 0,2 g

Sastojci

1 šalica smeđeg šećera

1 šalica kečapa

1/4 šalice vinskog octa

1/3 šalice vode

1 žlica soja umaka

2 žlice senfa u prahu

1 žličica crnog papra

2 žličice morske soli

smjer

Pomiješajte sve sastojke u blenderu ili procesoru hrane.

Miješajte dok ne postane glatko i ujednačeno.

Uživajte u jelu!

Biljna vrtna gorušica

(Spremno za oko 35 minuta | Za 10 porcija)

Po porciji: Kalorije: 34; Masti: 1,6 g; ugljikohidrati: 3,5 g; Bjelančevine: 1,3 g

Sastojci

1/2 šalice senfa u prahu

5 žlica samljevenih sjemenki gorušice

1/4 šalice vode

1/4 šalice piva

2 žlice sherry octa

1 ½ žličice krupne morske soli

1 žlica agavinog sirupa

1 žlica sušenog cilantra

1 žlica sušenog bosiljka

smjer

Temeljito pomiješajte senf u prahu, mljevene sjemenke gorušice, vodu i pivo u zdjeli za miješanje; neka odstoji oko 30 minuta.

Dodajte preostale sastojke i miješajte dok se dobro ne sjedine.

Ostavite da odstoji najmanje 12 sati prije posluživanja. Uživajte u jelu!

Klasični domaći kečap

(Spremno za oko 25 minuta | Za 10 porcija)

Po porciji: Kalorije: 24; Masti: 0 g; ugljikohidrati: 5,5 g; Bjelančevine: 0,5 g

Sastojci

4 unce paste od rajčice u konzervi

2 žlice agavinog sirupa

1/4 šalice crvenog vinskog octa

1/4 šalice vode

1/2 žličice košer soli

1/4 žličice češnjaka u prahu

smjer

Zagrijte lonac na srednje jakoj vatri. Zatim dodajte sve sastojke u lonac i zakuhajte.

Okrenite vatru na laganoj vatri; pustite da kuha uz stalno miješanje oko 20 minuta ili dok se umak ne zgusne.

Čuvajte u staklenoj posudi u hladnjaku. Uživajte u jelu!

Umak od indijskih oraha, limete i komorača

(Spremno za oko 25 minuta | srpski 8)

Po porciji: Kalorije: 24; Masti: 0 g; ugljikohidrati: 5,5 g; Bjelančevine: 0,5 g

Sastojci

1 šalica sirovih indijskih oraščića

1/2 šalice vode

2 žlice komorača

1 žlica soka od limuna

Morska sol i crvena paprika, po ukusu

smjer

Stavite sve sastojke u zdjelu procesora hrane ili blendera na velikoj brzini dok ne postanu glatki, jednolični i kremasti.

Dotjeramo ih po ukusu i poslužimo s korama.

Ligurski umak od oraha

(Spremno za oko 30 minutu | 4 porcije)

Po porciji: Kalorije: 263; Masti: 24,1 g; ugljikohidrati: 9 g; Bjelančevine: 5,5 g

Sastojci

1/2 šalice bademovog mlijeka

1 kriška bijelog kruha, uklonjena korica

1 (oko 50 polovica) šalica sirovih oraha

1/2 žličice češnjaka u prahu

1 žličica luka u prahu

1 žličica dimljene paprike

2 žlice maslinovog ulja

1 žlica nasjeckanog bosiljka

3 lista curryja

Morska sol i mljeveni crni papar, po ukusu

smjer

Mlijeko i kruh od badema stavimo u posudu i ostavimo da se dobro natopi.

Prebacite namočeni kruh u zdjelu procesora hrane ili blendera velike brzine; dodajte preostale sastojke.

Procesirajte dok ne postane glatko, jednolično i kremasto.

Poslužite uz tjesteninu ili rezance od tikvica. Uživajte u jelu!

Chia, javor i dijon umak

(Spremno za oko 10 minuta | Za 4 osobe)

Po porciji: Kalorije: 126; Masti: 9 g; Ugljikohidrati: 8,3 g; Bjelančevine: 1,5 g

Sastojci

2 žlice chia sjemenki

5 žlica ekstra djevičanskog maslinovog ulja

1 ½ žlice javorovog sirupa

2 žličice Dijon senfa

1 žlica crnog vinskog octa

Morska sol i mljeveni crni papar, po ukusu

smjer

Stavite sve sastojke u zdjelu; umutiti da se sjedini i emulgira.

Ostavite 15 minuta da se chia proširi. Uživajte u jelu!

Umak od češnjaka

(Spremno za oko 10 minuta | srpski 6)

Po porciji: Kalorije: 181; Masti: 18,2 g; Ugljikohidrati: 4,8 g; Bjelančevine: 3 g

Sastojci

1/2 šalice badema

1/2 šalice vode

1 hrpa cilantra

1 crvena čili papričica, nasjeckana

2 češnja češnjaka, zgnječena

2 žlice svježeg soka od limuna

1 žličica kore limete

Morska sol i mljeveni crni papar

5 žlica ekstra djevičanskog maslinovog ulja

smjer

Stavite bademe i vodu u blender i miksajte dok ne postane kremasto i glatko.

Dodajte cilantro, čili, češnjak, limunov sok, limunovu koricu, sol i crni papar; miksajte dok se sve dobro ne sjedini.

Zatim postupno dodajte maslinovo ulje i miješajte dok ne postane glatko. Čuvati u hladnjaku do 5 dana.

Uživajte u jelu!

Klasična seoska odjeća

(Spremno za oko 10 minuta | Za 8 obroka)

Po porciji: Kalorije: 191; Masti: 20,2 g; ugljikohidrati: 0,8 g; Bjelančevine: 0,5 g

Sastojci

1 šalica veganske majoneze

1/4 bademovog mlijeka, nezaslađenog

1 žličica sherry octa

1/2 žličice košer soli

1/4 žličice crnog papra

2 češnja češnjaka, mljevena

1/2 žličice sušenog vlasca

1/2 žličice suhe biljke kopra

1 žličica suhih peršinovih listića

1/2 žličice luka u prahu

1/3 žličice paprike

smjer

Žicom za mućenje dobro izmiješajte sve sastojke u zdjeli.

Pokrijte i stavite u hladnjak do posluživanja.

Uživajte u jelu!

Tahini umak s korijanderom

(Spremno za oko 10 minuta | srpski 6)

Po porciji: Kalorije: 91; Masti: 7,5 g; ugljikohidrati: 4,5 g; Bjelančevine: 2,9 g

Sastojci

1/4 šalice indijskih oraščića, namočenih preko noći i ocijeđenih

1/4 šalice vode

4 žlice tahinija

1/4 šalice svježeg lišća korijandera, grubo nasjeckanog

1 režanj češnjaka, samljeven

Košer sol i kajenski papar, po ukusu

smjer

Indijske oraščiće i vodu izmiksajte u blenderu dok ne postanu kremasti i glatki.

Dodajte preostale sastojke i nastavite miksati dok se sve dobro ne sjedini.

Držati u hladnjaku do tjedan dana. Uživajte u jelu!

Preljev od kokos limete

(Spremno za oko 10 minuta | 7 porcija)

Po porciji: Kalorije: 87; Masti: 8,8 g; Ugljikohidrati: 2,6 g; Bjelančevine: 0,8 g

Sastojci

1 žličica kokosovog ulja

1 veliki režanj češnjaka, samljeven

1 žličica svježeg đumbira, naribanog

1 šalica kokosovog mlijeka

1 limeta, svježe iscijeđena i naribana

Prstohvat himalajske kamene soli

smjer

U malom loncu otopite kokosovo ulje na srednjoj vatri. Kad se zagriju, kuhajte češnjak i đumbir oko 1 minutu ili dok ne zamirišu.

Pojačajte vatru i dodajte kokosovo mlijeko, limunov sok, limunovu koricu i sol; nastavite kuhati 1 minutu ili dok se ne zagrije.

Uživajte u jelu!

Domaći Guacamole

(Spremno za oko 10 minuta | 7 porcija)

Po porciji: Kalorije: 107; Masti: 8,6 g; Ugljikohidrati: 7,9 g; Bjelančevine: 1,6 g

Sastojci

2 avokada, oguljena, bez koštice

1 limun, iscijeđen

Morska sol i mljeveni crni papar, po ukusu

1 manji luk, narezan na kockice

2 žlice nasjeckanog svježeg cilantra

1 velika rajčica, narezana na kockice

smjer

Zgnječite avokado, zajedno s ostalim sastojcima u zdjeli.

Ohladite guacamole dok ne bude spreman za posluživanje. Uživajte u jelu!

Najlakši veganski majonez ikad

(Spremno za oko 15 minuta | srpski 6)

Po porciji: Kalorije: 167; Masti: 18,1 g; ugljikohidrati: 0,7 g; Bjelančevine: 0,4 g

Sastojci

1/2 šalice maslinovog ulja, na sobnoj temperaturi

1/4 šalice rižinog mlijeka, nezaslađenog, na sobnoj temperaturi

1 žličica žute gorušice

1 žlica svježeg soka od limuna

1/3 žličice košer soli

smjer

Pomiješajte mlijeko, senf, limunov sok i sol pomoću miksera na velikoj brzini.

Uz upaljeni stroj postupno dodavati maslinovo ulje i nastaviti miješati na niskoj brzini dok se smjesa ne zgusne.

Čuvati u hladnjaku oko 6 dana. Uživajte u jelu!

Maslac od sjemenki suncokreta i konoplje

(Spremno za oko 15 minuta | srpski 16)

Po porciji: Kalorije: 124; Masti: 10,6 g; Ugljikohidrati: 4,9 g; Bjelančevine: 4,3 g

Sastojci

2 šalice sjemenki suncokreta, nasjeckanih i prženih

4 žlice sjemenki konoplje

2 žlice lanenog brašna

Prstohvat soli

Prstohvat naribanog muškatnog oraščića

2 datulje bez koštice

smjer

Promiješajte sjemenke suncokreta u procesoru dok se ne dobije maslac.

Dodajte preostale sastojke i nastavite miksati dok smjesa ne postane kremasta i jednolična.

Kušajte i prilagodite okus prema potrebi. Uživajte u jelu!

Kremasti umak od senfa

(Spremno za oko 35 minuta | 4 porcije)

Po porciji: Kalorije: 73; Masti: 4,2 g; Ugljikohidrati: 7,1 g; Bjelančevine: 1,7 g

Sastojci

1/2 običnog humusa

1 žličica svježeg češnjaka, mljevenog

1 žlica delikatesnog senfa

1 žlica ekstra djevičanskog maslinovog ulja

1 žlica svježeg soka od limuna

1 žličica pahuljica crvene paprike

1/2 žličice morske soli

1/4 žličice mljevenog crnog papra

smjer

Temeljito pomiješajte sve sastojke u posudi za miješanje.

Ostavite da odstoji u hladnjaku oko 30 minuta prije posluživanja.

Uživajte u jelu!

Tradicionalni balkanski ajvar

(Spremno za oko 30 minuta | srpski 6)

Po porciji: Kalorije: 93; Masti: 4,9 g; Ugljikohidrati: 11,1 g; Bjelančevine: 1,8 g

Sastojci

4 crvene paprike babure

1 manji patlidžan

1 režanj češnjaka, samljeven

2 žlice maslinovog ulja

1 žličica bijelog octa

Košer sol i mljeveni crni papar, po ukusu

smjer

Pecite papriku i patlidžan na roštilju dok ne omekšaju i ne pougljenje se.

Paprike stavite u plastičnu vrećicu i pustite da se kuhaju na pari oko 15 minuta. Paprici i patlidžanu uklonite kožicu, sjemenke i jezgru.

Zatim ih prebacite u zdjelu procesora hrane. Dodajte češnjak, maslinovo ulje, ocat, sol i crni papar i nastavite miješati dok se dobro ne sjedini.

Čuvajte u hladnjaku do 1 tjedan. Uživajte u jelu!

Amba (umak od manga)

(Spremno za oko 30 minuta | srpski 6)

Po porciji: Kalorije: 93; Masti: 4,9 g; Ugljikohidrati: 11,1 g; Bjelančevine: 1,8 g

Sastojci

2 manga sa zelenom korom, oguljena i bez koštica

1 glavica luka nasjeckana

1 čili papričica, nasjeckana

2 češnja češnjaka, mljevena

1 žlica himalajske soli

1 žličica mljevene kurkume

1/3 žličice mljevenog kima

1/2 žličice paprike

2 žlice soja umaka

2 žlice svježeg soka od limuna

smjer

Zagrijte srednju tavu na srednje jakoj vatri. Pustite da zavrije 2 šalice vode. Dodajte mango pa luk, papar i češnjak te začine.

Smanjite vatru i pustite da lagano kuha dok mango ne omekša ili oko 25 minuta.

Maknite s vatre i umiješajte sojin umak i svježi limunov sok.

Zatim u blenderu izmiksajte smjesu dok ne bude glatka i jednolična. Čuvati u hladnjaku do 1 mjeseca.

Uživajte u jelu!

Tatin domaći kečap

(Spremno za oko 30 minuta | srpski 12)

Po porciji: Kalorije: 49; Masti: 2,4 g; ugljikohidrati: 6,5 g; Bjelančevine: 0,9 g

Sastojci

2 žlice maslinovog ulja

1 glavica luka nasjeckana

2 češnja češnjaka nasjeckana

1 žličica kajenskog papra

2 žlice paste od rajčice

30 unci konzerviranih rajčica, zdrobljenih

3 žlice smeđeg šećera

1/4 šalice jabučnog octa

Sol i svježe mljeveni crni papar, po ukusu

smjer

U srednje jakoj tavi zagrijte maslinovo ulje na srednje jakoj vatri. Pirjajte luk dok ne omekša i zamiriši.

Dodajte češnjak i nastavite pržiti 1 minutu ili dok ne zamiriše.

Dodajte preostale sastojke i pustite da zavrije. Nastavite kuhati oko 25 minuta.

Smjesu izmiksajte u blenderu dok ne bude glatka i jednolična. Uživajte u jelu!

Preljev za salatu od začinskog bilja od avokada

(Spremno za oko 10 minuta | srpski 6)

Po porciji: Kalorije: 101; Masti: 9,4 g; Ugljikohidrati: 4,3 g; Bjelančevine: 1,2 g

Sastojci

1 srednji avokado, neoguljen, oguljen i nariban

4 žlice ekstra djevičanskog maslinovog ulja

4 žlice bademovog mlijeka

2 žlice nasjeckanog cilantra

2 žlice nasjeckanog peršina

1 limun, iscijeđen

2 češnja češnjaka, mljevena

1/2 žličice sjemena gorušice

1/2 žličice pahuljica crvene paprike

Košer sol i kajenski papar, po ukusu

smjer

Pomiješajte sve gore navedene sastojke u procesoru hrane ili blenderu.

Miješajte dok ne postane glatko, glatko i kremasto.

Uživajte u jelu!

Autentična francuska remulada

(Spremno za oko 10 minuta | 9 porcija)

Po porciji: Kalorije: 121; Masti: 10,4 g; ugljikohidrati: 1,3 g; Bjelančevine: 6,2 g

Sastojci

1 šalica veganske majoneze

1 žlica Dijon senfa

1 glavica luka sitno nasjeckana

1 žličica češnjaka, mljevenog

2 žlice kapara, grubo nasjeckanih

1 žlica ljutog umaka

1 žlica svježeg soka od limuna

1 žlica nasjeckanog ravnog lista peršina

smjer

Sve sastojke temeljito izmiješajte u procesoru hrane ili blenderu.

Miješajte dok ne postane glatko i kremasto.

Uživajte u jelu!

Autentični bešamel umak

(Spremno za oko 10 minuta | Za 5 osoba)

Po porciji: Kalorije: 89; Masti: 6,1 g; Ugljikohidrati: 5,9 g; Bjelančevine: 2,7 g

Sastojci

2 žlice sojinog maslaca

2 žlice višenamjenskog brašna

1 ½ šalice zobenog mlijeka

Krupna morska sol, po ukusu

1/4 žličice kurkume u prahu

1/4 žličice mljevenog crnog papra, po ukusu

Prstohvat naribanog muškatnog oraščića

smjer

Otopite sojin maslac u tavi na umjerenoj vatri. Dodajte brašno i nastavite kuhati uz stalno miješanje da ne budu grudice.

Ulijte mlijeko i nastavite miksati oko 4 minute dok se umak ne zgusne.

Dodajte začine i promiješajte da se dobro sjedine. Uživajte u jelu!

Savršen holandski umak

(Spremno za oko 15 minuta | srpski 6)

Po porciji: Kalorije: 145; Masti: 12,6 g; Ugljikohidrati: 6,1 g; Bjelančevine: 3,3 g

Sastojci

1/2 šalice indijskih oraščića, namočenih i ocijeđenih

1 šalica bademovog mlijeka

2 žlice svježeg soka od limuna

3 žlice kokosovog ulja

3 žlice prehrambenog kvasca

Morska sol i mljeveni bijeli papar, po ukusu

Prstohvat naribanog muškatnog oraščića

1/2 žličice mljevene crvene paprike

smjer

Pasirajte sve sastojke u blenderu ili procesoru hrane na velikoj brzini.

Zatim zagrijte smjesu u malom loncu na niskoj do srednjoj vatri; kuhajte uz povremeno miješanje dok se umak ne reducira i zgusne.

Uživajte u jelu!

Ljuti umak na meksički način

(Spremno za oko 5 minuta | srpski 5)

Po porciji: Kalorije: 35; Masti: 0,2 g; Ugljikohidrati: 7,1 g; Bjelančevine: 0,8 g

Sastojci

10 unci konzerviranog umaka od rajčice

2 žlice jabučnog octa

2 žlice smeđeg šećera

1 meksička čili papričica, mljevena

1/2 žličice sušenog meksičkog origana

1/4 žličice mljevenih začina

Morska sol i mljeveni crni papar, po ukusu

smjer

U zdjeli za miješanje dobro pomiješajte sve sastojke.

Čuvajte u staklenoj posudi u hladnjaku.

Uživajte u jelu!

Osnovni umak od rajčice

(Spremno za oko 25 minuta | srpski 8)

Po porciji: Kalorije: 49; Masti: 3,6 g; Ugljikohidrati: 4,3 g; Bjelančevine: 0,9 g

Sastojci

2 žlice maslinovog ulja

1 glavica luka nasjeckana

2 češnja češnjaka, mljevena

1 crvenu čili papričicu izrezati i samljeti

20 unci konzervirane rajčice, pasirane

2 žlice paste od rajčice

1 žličica kajenskog papra

1/2 žličice krupne morske soli

smjer

U srednje jakoj tavi zagrijte maslinovo ulje na srednje jakoj vatri. Pirjajte luk dok ne omekša i zamiriše.

Dodajte češnjak i čili; nastavite pržiti 1 minutu ili dok ne zamiriše.

Dodajte rajčice, pastu od rajčice, crvenu papriku i sol; uključite vatru na laganoj vatri. Nastavite kuhati oko 22 minute.

Uživajte u jelu!

Turski Biber Salçası

(Spremno za oko 1 sat i 25 minuta | srpski 16)

Po porciji: Kalorije: 39; Masti: 1,8 g; Ugljikohidrati: 4,8 g; Bjelančevine: 0,7 g

Sastojci

4 slatke crvene paprike

4 crvene čili papričice

Sok od soka od 1/2 limuna

2 žlice maslinovog ulja

1 žličica morske soli

1/2 žličice svježe mljevenog crnog papra

smjer

Stavite paprike izravno na lagani plinski plamen; Pecite paprike oko 8 minuta dok ne pougljeni sa svih strana.

Pustite da se paprike kuhaju na pari u plastičnoj vrećici ili poklopljenoj posudi oko 30 minuta. Uklonite kožu i zapečenu jezgru i prebacite meso u procesor hrane

Miješajte dok ne nastane glatka pasta.

Zagrijte pripremljenu pastu u loncu; dodajte preostale sastojke i promiješajte da se dobro sjedine. Pojačajte vatru i pustite da kuha, djelomično pokriveno, oko 45 minuta ili dok se umak ne zgusne.

Čuvajte u hladnjaku do 4 tjedna. Uživajte u jelu!

Talijanska salsa al Pepe Verde

(Spremno za oko 15 minuta | srpski 6)

Po porciji: Kalorije: 153; Masti: 10,1 g; Ugljikohidrati: 13,3 g; Bjelančevine: 2,6 g

Sastojci

3 žlice veganskog maslaca

3 žlice višenamjenskog brašna

1 ½ šalice bademovog mlijeka, nezaslađenog

1 šalica temeljca od povrća

2 žlice zelenog papra, svježe nasjeckanog

Morska sol, po ukusu

1 žlica sherry vina

smjer

U loncu rastopite maslac na umjerenoj vatri. Kad se zagrije, dodajte brašno i smanjite vatru da lagano kuha.

Postupno dodajte mlijeko i nastavite kuhati još nekoliko minuta uz stalno miješanje da ne budu grudice.

Dodajte juhu, zeleni papar i sol. Nastavite kuhati na laganoj vatri dok se umak ne zgusne. Dodajte vino i nastavite kuhati još nekoliko minuta.

Uživajte u jelu!

Umak za tjesteninu sa suncokretovim sjemenkama

(Spremno za oko 10 minuta | Za 3 osobe)

Po porciji: Kalorije: 164; Masti: 13,1 g; Ugljikohidrati: 7,6 g; Bjelančevine: 6,2 g

Sastojci

1/2 šalice suncokretovih sjemenki, namočenih preko noći

1/2 šalice bademovog mlijeka, nezaslađenog

2 žlice soka od limuna

1 žličica protisnutog češnjaka

1/4 žličice sušenog origana

1/2 žličice sušenog bosiljka

1 žličica sušenog komorača

Morska sol i mljeveni crni papar, po ukusu

smjer

Stavite sve sastojke u zdjelu procesora hrane ili blendera velike brzine.

Pasirajte dok umak ne postane jednoličan i gladak.

Umak poslužite preko kuhane tjestenine ili rezanaca s povrćem. Uživajte u jelu!

Zdravi bakin umak od jabuka

(Spremno za oko 30 minuta | srpski 12)

Po porciji: Kalorije: 73; Masti: 0,2 g; Ugljikohidrati: 19,3 g; Bjelančevine: 0,4 g

Sastojci

3 funte jabuka za kuhanje, oguljenih, očišćenih od jezgre i narezanih na kockice

1/2 šalice vode

8 svježih datulja bez koštica

2 žlice soka od limuna

Prstohvat soli

Prstohvat naribanog muškatnog oraščića

1/4 žličice mljevenog klinčića

1/2 žličice mljevenog cimeta

smjer

Dodajte jabuke i vodu u lonac s debelim dnom i kuhajte oko 20 minuta.

U međuvremenu, pomiješajte datulje i 1/2 šalice vode koristeći blender velike brzine. Procesirajte dok ne postane potpuno glatko.

Zatim kuhane jabuke zgnječite gnječilicom za krumpir; umiješajte pasirane datulje u nasjeckane jabuke i miješajte dok se dobro ne sjedine.

Nastavite kuhati dok se umak od jabuka ne zgusne do željene gustoće. Dodajte limunov sok i začine te miješajte dok se sve dobro ne sjedini.

Uživajte u jelu!

Domaći čokoladni preljev

(Spremno za oko 10 minuta | 9 porcija)

Po porciji: Kalorije: 95; Masti: 7,6 g; ugljikohidrati: 7,5 g; Bjelančevine: 0,2 g

Sastojci

5 žlica kokosovog ulja, otopljenog

3 žlice agavinog sirupa

3 žlice kakao praha

Prstohvat naribanog muškatnog oraščića

Prstohvat košer soli

1/2 žličice cimeta u prahu

1/2 žličice paste od vanilije

smjer

Sve sastojke dobro izmiješajte žičanom pjenjačom.

Čuvajte čokoladni preljev u hladnjaku. Kako biste omekšali umak, zagrijte ga na laganoj vatri neposredno prije posluživanja.

Uživajte u jelu!

Omiljeni umak od brusnica

(Spremno za oko 15 minuta | Za 8 obroka)

Po porciji: Kalorije: 62; Masti: 0,6 g; ugljikohidrati: 16 g; Bjelančevine: 0,2 g

Sastojci

1/2 šalice smeđeg šećera

1/2 šalice vode

8 unci brusnica, svježih ili smrznutih

Prstohvat aromatičnog papra

Prstohvat morske soli

1 žlica kristaliziranog đumbira

smjer

U loncu s debelim dnom zakuhajte šećer i vodu.

Miješajte dok se šećer ne otopi.

Dodajte borovnice, a zatim i preostale sastojke. Vratite vatru na vatru i nastavite kuhati 10 do 12 minuta ili dok borovnice ne popucaju.

Ostavite da se ohladi na sobnoj temperaturi. Čuvajte u staklenoj posudi u hladnjaku. Uživajte u jelu!

Tradicionalna ruska kuhinja

(Spremno za oko 40 minuta | srpski 12)

Po porciji: Kalorije: 28; Masti: 1,3 g; ugljikohidrati: 3,8 g; Bjelančevine: 0,5 g

Sastojci

  1 čaša kuhane vode

  6 unci sirove cikle, oguljene

  1 žlica smeđe soli

  9 unci sirovog hrena, oguljenog

  1 zlica maslinovog ulja

  1/2 šalice jabučnog octa

smjer

U loncu s debelim dnom zakuhajte vodu. Zatim kuhajte ciklu oko 35 minuta ili dok ne omekša.

Uklonite kore i prebacite ciklu u multipraktik. Dodajte preostale sastojke i miješajte dok se dobro ne sjedine.

Uživajte u jelu!

Francuski mignonette umak

(Spremno za oko 15 minuta | srpski 6)

Po porciji: Kalorije: 14; Masti: 0 g; ugljikohidrati: 1,9 g; Bjelančevine: 0,2 g

Sastojci

3/4 šalice crvenog vinskog octa

2 žličice miješanog papra u zrnu, svježe nasjeckanog

1 mala ljutika, sitno nasjeckana

Morska sol, po ukusu

smjer

Pomiješajte ocat, papar u zrnu i ljutiku u zdjeli. Posolite.

Pustite da odstoji barem 15 minuta. Poslužite uz pečene bukovače.

Uživajte u jelu!

Umak od dimljenog sira

(Spremno za oko 10 minuta | srpski 6)

Po porciji: Kalorije: 107; Masti: 7,3 g; ugljikohidrati: 8,8 g; Bjelančevine: 3,3 g

Sastojci

1/2 šalice sirovih indijskih oraščića, namočenih i ocijeđenih

4 žlice vode

2 žlice sirovog tahinija

Svježi sok od 1/2 limuna

1 žlica jabučnog octa

2 mrkve, kuhane

1 žličica dimljene paprike

Morska sol, po ukusu

1 režanj češnjaka

1 žličica korova kopra

1/2 šalice smrznutog kukuruznog zrna, odmrznutog i iscijeđenog

smjer

Indijske oraščiće i vodu izmiksajte u blenderu dok ne postanu kremasti i glatki.

Dodajte preostale sastojke i nastavite miksati dok se sve dobro ne sjedini.

Držati u hladnjaku do tjedan dana. Uživajte u jelu!

Jednostavan domaći umak od krušaka

(Spremno za oko 30 minuta | srpski 8)

Po porciji: Kalorije: 76; Masti: 0,3 g; Ugljikohidrati: 19,2 g; Bjelančevine: 0,6 g

Sastojci

2 kg krušaka oguljenih, očišćenih od koštica i narezanih na kockice

1/4 šalice vode

1/4 šalice smeđeg šećera

1/2 žličice svježeg đumbira, mljevenog

1/2 žličice mljevenog klinčića

1 žličica mljevenog cimeta

1 žličica svježeg soka od limuna

1 žličica jabučnog octa

1 žličica paste od vanilije

smjer

Dodajte jabuke, vodu i šećer u lonac s debelim dnom i kuhajte oko 20 minuta.

Zatim kuhane kruške sameljemo gnječilicom za krumpir. Dodajte preostale sastojke.

Nastavite pirjati dok se umak od krušaka ne zgusne do željene gustoće.

Uživajte u jelu!

Senf u seoskom stilu

(Spremno za oko 5 minuta | srpski 16)

Po porciji: Kalorije: 24; Masti: 1,6 g; ugljikohidrati: 1,7 g; Bjelančevine: 0,6 g

Sastojci

1/3 šalice sjemenki gorušice

1/2 šalice vinskog octa

1 medjool datulja bez koštice

1 žličica maslinovog ulja

1/2 žličice himalajske kamene soli

smjer

Namočite sjemenke gorušice najmanje 12 sati.

Zatim pomiješajte sve sastojke u blenderu velike brzine dok ne postanu kremasti i glatki.

Čuvajte u staklenoj posudi u hladnjaku. Uživajte u jelu!

Tajlandski umak od kokosa

(Spremno za oko 10 minuta | Za 4 osobe)

Po porciji: Kalorije: 68; Masti: 5,1 g; Ugljikohidrati: 4,7 g; Bjelančevine: 1,4 g

Sastojci

1 žlica kokosovog ulja

1 žličica češnjaka, mljevenog

1 žličica svježeg đumbira, naribanog

1 limun, iscijeđen i oguljen

1 žličica kurkume u prahu

1/2 šalice kokosovog mlijeka

1 žlica soja umaka

1 žličica kokosovog šećera ili više po ukusu

Prstohvat soli

Prstohvat naribanog muškatnog oraščića

smjer

U malom loncu otopite kokosovo ulje na srednjoj vatri. Kad se zagriju, kuhajte češnjak i đumbir oko 1 minutu ili dok ne zamirišu.

Zagrijte vatru i dodajte limun, kurkumu, kokosovo mlijeko, sojin umak, kokosov šećer, sol i muškatni oraščić; nastavite kuhati 1 minutu ili dok se ne zagrije.

Uživajte u jelu!

Jednostavna Aquafaba Mayo

(Spremno za oko 10 minuta | Za 12 porcija)

Po porciji: Kalorije: 200; Masti: 22,7 g; ugljikohidrati: 0,3 g; Bjelančevine: 0 g

Sastojci

1/2 šalice aquafabe

1 ¼ šalice uljane repice

1 žličica žute gorušice

1/2 žličice košer soli

2 žlice soka od limuna

1/2 žličice češnjaka u prahu

1/4 žličice sušenog komorača

smjer

Pomiješajte aquafabu velikom brzinom pomoću uronjenog blendera ili mješalice velike brzine.

Dok stroj radi postupno dodavati ulje i nastaviti miješati dok se smjesa ne zgusne.

Dodajte senf, sol, limunov sok, češnjak u prahu i kopar.

Čuvajte u hladnjaku do 2 tjedna. Uživati!

Klasični Veloute umak

(Spremno za oko 10 minuta | Za 5 osoba)

Po porciji: Kalorije: 65; Masti: 5,2 g; ugljikohidrati: 2,4 g; Bjelančevine: 1,9 g

Sastojci

- 2 žlice veganskog maslaca
- 2 žlice višenamjenskog brašna
- 1 ½ šalice juhe od povrća
- 1/4 žličice bijelog papra

smjer

U loncu na umjerenoj vatri otopite veganski maslac. Dodajte brašno i nastavite kuhati uz stalno miješanje da ne budu grudice.

Postupno i polako ulijevajte povrtni temeljac i nastavite miješati oko 5 minuta dok se umak ne zgusne.

Dodajte mu bijeli papar i dobro promiješajte. Uživajte u jelu!

Klasični espagnole umak

(Spremno za oko 55 minuta | srpski 6)

Po porciji: Kalorije: 99; Masti: 6,6 g; Ugljikohidrati: 6,9 g; Bjelančevine: 3,1 g

Sastojci

  3 žlice veganskog maslaca

  4 žlice rižinog brašna

  1/2 šalice mirepoixa

  1 žličica nasjeckanog češnjaka

  3 šalice juhe od povrća

  1/4 šalice pasirane rajčice iz konzerve

  1 lovor

  1 žličica majčine dušice

  Morska sol i crni papar, po ukusu

smjer

Otopite veganski maslac u loncu na srednje jakoj vatri. Zatim dodajte brašno i kuhajte uz stalno miješanje oko 8 minuta ili dok ne postane smeđe.

Zatim pirjajte mirepoix oko 5 minuta ili dok ne postane mekan i mirisan.

Sada dodajte mirepoix, češnjak, temeljac od povrća, rajčice iz konzerve i začine. Uključite vatru na lagano kuhanje. Pustite da lagano kuha oko 40 minuta.

Prelijte umak kroz fino sito u zdjelu. Uživati!

Autentični mediteranski aïoli

(Spremno za oko 10 minuta | srpski 16)

Po porciji: Kalorije: 122; Masti: 13,6 g; ugljikohidrati: 0,4 g; Bjelančevine: 0,1 g

Sastojci

4 žlice aquafabe

1 žličica svježeg soka od limuna

1 žličica jabučnog octa

1 žličica Dijon senfa

1 žličica češnjaka, zgnječenog

Krupna morska sol i mljeveni bijeli papar po ukusu

1 šalica maslinovog ulja

1/4 žličice sušenog komorača

smjer

Stavite aquafabu, limunov sok, ocat, senf, češnjak, sol i papar u zdjelu blendera. Miješajte 30 do 40 sekundi.

Polako i postupno ulijevajte ulje i miješajte dok se umak ne zgusne.

Preko dresinga pospite sušeni komorač. Čuvajte u hladnjaku do posluživanja.

Uživajte u jelu!

Veganski umak za roštilj

(Spremno za oko 25 minuta | Za 10 porcija)

Po porciji: Kalorije: 32; Masti: 0,2 g; Ugljikohidrati: 7,4 g; Bjelančevine: 1,3 g

Sastojci

1 šalica paste od rajčice

2 žlice jabučnog octa

2 žlice soka od limete

1 žlica smeđeg šećera

1 žlica senfa u prahu

1 žličica mljevene crvene paprike

1 žličica luka u prahu

1 žličica češnjaka u prahu

1 žličica čilija u prahu

2 žlice veganske Worcestershire

1/2 šalice vode

smjer

Temeljito pomiješajte sve sastojke u loncu na srednje jakoj vatri. Neka prokuha.

Uključite vatru na lagano kuhanje.

Pirjajte oko 20 minuta ili dok se umak ne reducira i zgusne.

Držite u hladnjaku do 3 tjedna. Uživajte u jelu!

Klasični Béarnaise umak

(Spremno za oko 30 minuta | srpski 8)

Po porciji: Kalorije: 82; Masti: 6,8 g; ugljikohidrati: 3,8 g; Bjelančevine: 1,4 g

Sastojci

4 žlice nemliječnog sojinog maslaca

2 žlice višenamjenskog brašna

1 žličica češnjaka, mljevenog

1 šalica sojinog mlijeka

1 žlica svježeg soka od limuna

1/4 žličice kurkume u prahu

Košer sol i mljeveni crni papar, po ukusu

1 žlica svježeg peršina, nasjeckanog

smjer

Otopite maslac u loncu na srednje jakoj vatri. Zatim dodajte brašno i kuhajte uz stalno miješanje oko 8 minuta ili dok ne postane smeđe.

Zatim pirjajte češnjak oko 30 sekundi ili dok ne zamiriše.

Sada dodajte mlijeko, svježi limunov sok, kurkumu, sol i crni papar. Uključite vatru na lagano kuhanje. Pustite da kuha oko 20 minuta.

Neposredno prije posluživanja pospite svježim peršinom. Uživajte u jelu!

Savršen umak od sira

(Spremno za oko 30 minuta | srpski 8)

Po porciji: Kalorije: 172; Masti: 12,6 g; Ugljikohidrati: 10 g; Bjelančevine: 6,8 g

Sastojci

1 ½ šalice indijskih oraščića

1/2 šalice vode

1 žličica jabučnog octa

1 žličica soka od limuna

1/2 žličice protisnutog češnjaka

Morska sol i crvena paprika, po ukusu

1 žlica kokosovog ulja

1/4 šalice prehrambenog kvasca

smjer

Indijske oraščiće i vodu izmiksajte u blenderu dok ne postanu kremasti i glatki.

Dodajte preostale sastojke i nastavite miksati dok se sve dobro ne sjedini.

Držati u hladnjaku do tjedan dana. Uživajte u jelu!

Jednostavan umak za sirovu tjesteninu

(Spremno za oko 10 minuta | Za 4 osobe)

Po porciji: Kalorije: 80; Masti: 6,3 g; Ugljikohidrati: 5,4 g; Bjelančevine: 1,4 g

Sastojci

1 funta zrelih rajčica, bez sjemenki

1 manji luk, oguljen

1 manji režanj češnjaka, samljeven

1 žlica svježeg peršinovog lišća

1 žlica svježeg lišća bosiljka

1 žlica svježeg lišća ružmarina

4 žlice ekstra djevičanskog maslinovog ulja

Morska sol i mljeveni crni papar, po ukusu

smjer

Pomiješajte sve sastojke u procesoru hrane ili blenderu dok se dobro ne sjedine.

Poslužite uz toplu tjesteninu ili zoodles.

Uživajte u jelu!

Pesto na bazi bosiljka

(Spremno za oko 10 minuta | Za 8 obroka)

Po porciji: Kalorije: 42; Masti: 3,5 g; ugljikohidrati: 1,4 g; Bjelančevine: 1,2 g

Sastojci

1 šalica svježeg bosiljka, pakirana

4 žlice pinjola

2 češnja češnjaka, oguljena

1 žlica svježeg soka od limuna

2 žlice prehrambenog kvasca

2 žlice ekstra djevičanskog maslinovog ulja

Morska sol, po ukusu

4 žlice vode

smjer

U procesor hrane stavite sve sastojke osim ulja. Procesirajte dok se dobro ne sjedini.

Nastavite miksati, postupno dodavajući ulje, dok se smjesa ne sjedini.

Uživajte u jelu!

Klasični Alfredo umak

(Spremno za oko 10 minuta | Za 4 osobe)

Po porciji: Kalorije: 245; Masti: 17,9 g; Ugljikohidrati: 14,9 g; Bjelančevine: 8,2 g

Sastojci

2 žlice maslinovog ulja

2 češnja češnjaka, mljevena

2 žlice rižinog brašna

1 ½ šalice rižinog mlijeka, nezaslađenog

Morska sol i mljeveni crni papar, po ukusu

1/2 žličice mljevene crvene paprike

4 žlice tahinija

2 žlice prehrambenog kvasca

smjer

U većem loncu zagrijte maslinovo ulje na umjerenoj vatri. Kad se zagrije, pirjajte češnjak oko 30 sekundi ili dok ne zamiriše.

Dodajte rižino brašno i smanjite vatru. Postupno dodajte mlijeko i nastavite kuhati još nekoliko minuta uz stalno miješanje da ne budu grudice.

Dodajte sol, crni papar, ljuskice crvene paprike, tahini i prehrambeni kvasac.

Nastavite kuhati na laganoj vatri dok se umak ne zgusne.

Čuvajte u hermetički zatvorenoj posudi u hladnjaku do četiri dana. Uživajte u jelu!

Sofisticirana majoneza od indijskih oraščića

(Spremno za oko 10 minuta | Za 12 porcija)

Po porciji: Kalorije: 159; Masti: 12,4 g; Ugljikohidrati: 9,2 g; Bjelančevine: 5,2 g

Sastojci

3/4 šalice sirovih indijskih oraščića, namočenih preko noći i ocijeđenih

2 žlice svježeg soka od limuna

1/4 šalice vode

1/2 žličice delikatesnog senfa

1 žličica javorovog sirupa

1/4 žličice češnjaka u prahu

1/4 žličice suhe biljke kopra

1/2 žličice morske soli

smjer

Pomiješajte sve sastojke pomoću blendera velike brzine ili procesora hrane dok ne postanu glatki, kremasti i jednolični.

Po potrebi dodajte još začina.

Stavite u hladnjak do posluživanja. Uživajte u jelu!

Vanilija, cimet, suncokretov maslac

(Spremno za oko 10 minuta | srpski 16)

Po porciji: Kalorije: 129; Masti: 9 g; Ugljikohidrati: 10,1 g; Bjelančevine: 3,6 g

Sastojci

2 šalice prženih sjemenki suncokreta, nasjeckanih

1/2 šalice javorovog sirupa

1 žličica ekstrakta vanilije

1 žličica cimeta u prahu

Prstohvat naribanog muškatnog oraščića

Prstohvat morske soli

smjer

Promiješajte sjemenke suncokreta u procesoru dok se ne dobije maslac.

Dodajte preostale sastojke i nastavite miksati dok smjesa ne postane kremasta, glatka i jednolična.

Kušajte i prilagodite okus prema potrebi. Uživajte u jelu!

Domaći ljuti kečap

(Spremno za oko 25 minuta | srpski 12)

Po porciji: Kalorije: 49; Masti: 2,5 g; Ugljikohidrati: 5,3 g; Bjelančevine: 0,7 g

Sastojci

2 žlice suncokretovog ulja

4 žlice luka, nasjeckanog

2 češnja češnjaka, zgnječena

30 unci konzerviranih rajčica, zdrobljenih

1/4 šalice smeđeg šećera

1/4 šalice bijelog octa

1 žličica ljutog umaka

1/4 žličice pipete

smjer

U srednje jakoj tavi zagrijte ulje na srednje jakoj vatri. Pržite ljutiku dok ne omekša i zamiriše.

Dodajte češnjak i nastavite pržiti 1 minutu ili dok ne zamiriše.

Dodajte preostale sastojke i pustite da zavrije. Nastavite pirjati 22 do 25 minuta.

Smjesu izmiksajte u blenderu dok ne bude glatka i jednolična. Uživajte u jelu!

www.ingramcontent.com/pod-product-compliance
Lightning Source LLC
Chambersburg PA
CBHW070506120526
44590CB00013B/765